목회서신

목회서신

초판 1쇄 발행 2021년 9월 28일

지은이 박인화
발행인 이요섭
기　획 박찬익
편　집 이인애
디자인 권현정
제　작 이인애
보　급 정준용 김승훈 이대성

펴낸곳 요단출판사
등　록 1973. 8. 23. 제 13-10호
주　소 07238)서울특별시 영등포구 국회대로 76길 10
기　획 (02)2643-9155
보　급 (02)2643-7290 FAX (02)2643-1877
요단서적 (02)593-8715 / **대전서관** (042)255-5322

값 12,000원
ISBN 978-89-350-1913-7

엄혹한 코로나 19로
위축된 성도들에게
박인화 목사가 전하는
사랑과 격려의 메시지

목회서신

하나님을 온전히 의지

박인화 지음

요단
JORDAN
PRESS

차례

서문

미국은 아브라함 링컨 대통령 재임 시절, 수많은 희생자를 낳았다. 그 희생자는 약 620,000명 정도로 추산된다. 그렇게 엄청난 대가를 지불한 미국은 결국 노예해방을 선포한다. 노예해방은 그 자체만으로도 충분히 축제의 이유가 된다. 그러나 남과 북으로 나뉘어진 미국은 큰 혼돈기를 지나야만 했다. 노예제도에 대한 찬반양론으로 첨예한 대립각을 세웠던 미국은 전쟁이라는 큰 홍역을 치르면서 각 주state마다 고유의 화폐를 발행했다.

서울과 부산에서 쓰는 화폐가 다르다고 가정해 보자. 한 나라 안에서 통용되는 화폐가 다르다는 것은 국가적 혼란의 원인이 될 수 있다. 당시 미국에도 주마다 사용하는 화폐가 다르다는 약점을 틈타, 조직적으로 위조지폐를 만들어 유통하는 사람들이 있었다. 대표적인 인물로 피트 매카트니Pete McCartney를 꼽는다. 그가 만들어 낸 위조지폐는 주로 10달러와 20달러짜리 화폐였는데, 당시 금액으로 약 10만 달러 이상 되었을 것으로 추산한다. 이는 지금 시세로 약 150만 달러(한화로 약 17억)에 상당하는 액수이다. 물건을 사고파는 일상의 경제활동을 위해 모든 사람이 매일 사용하는 지폐가 진폐인지, 위폐인지 식별하는 것은 일반인에게 결코 쉬운 일이 아니었다. 당시 미국 시민들은 혼돈과 의심, 그리고 불안의 강을 건너야 했는데, 링컨 대통령은 위조지폐의 확산을 막고, 혼돈을 잠재우기 위해 미국의 모든 주가 공통으로 사용할 수 있는 연방 화폐를 만들었다. 이를 위해 링컨 대통령은 특별위원회를 조직했는데, 그 결과로 편성된 기관이 바로 지금의 미국비밀경호국United States Secret Service이다. 비밀경호국의 주된 업무 두 가지는 대통령 경호와 위조지폐 관련 범죄를 수사하고 사회에서 박멸하는 것이다.

코로나 19 감염병 역시 일반인들에게는 식별이 쉽지 않은 아주 생소한 적enemy으로 느껴진다. 전 세계적으로 인류를 위협하는 코로나 19의 시대를 지나면서, 위조지폐의 불법적 생산과 조직적 유통으로 인해 혼돈과 불안의 시기를 지나야 했던 당시 미국민들의 마음을 조금이나마 이해하게 되었다. 전에는 전혀 경험해 보지 못했던 락다운lockdown으로 인해 거의 모든 사람이 비자발적 자택 감금을 당해야만 했다. 위급한 일 외에는 출입을 금지하는 주 정부의 방침도 내려졌었다. 그런 시기를 지나면서 사실 목회자로서 할 수 있는 것이 생각보다 많지 않다는 사실을 체감했다. "어떻게 성도들을 격려할 수 있을까?" "어떻게 하면 교회 공동체의 가족들이 고난 가운데 희망의 줄을 놓지 않도록 도울 수 있을까?" 고민하게 되었다. 그러한 고민 가운데 성도들과 소통하기 위해 서신을 보내기로 결심하고, 펜을 들었다. 처음에는 매일 서신을 쓰다가, 시간이 조금 지난 뒤에는 매주 목요일마다 성도들에게 마음을 담은 서신을 보냈다.

이 책 『목회서신』은 코로나 19라는 혼돈과 불안의 시대를 지나면서, 성도들에게 보낸 여러 편의 목회서신 중 일부를 모은 것이다. 성도들과 소통하기 위한 하나의 방편으로 시도했던 "편지"들 중, 대중들이 공감할 수 있는 주제들을 중심으로 옴니버스 형식으로 묶어 출간한다. "위기 속에는 기회가 있다."는 말을 다시 한번 실감한다. 한 목회자로서 마음에 수시로 찾아오는 불안감을 떨쳐 버리고, 성도들을 위로하고자 하는 애절한 마음으로 글을 썼는데, 책으로 출간하게 되었으니, 이 또한 위기 속에서 발견된 기회라 할 수 있다.

글을 쓰는 것은 장거리 마라톤을 달리는 것과 같다. 그렇기 때문에 글을 쓰는 과정이 너무나도 고통스럽게 여겨진다. 글의 소재가 떠오르지 않을 때면, "왜 서신을 쓰기 시작했을까!"하며 후회하기도 하고, "앞으로 4-6 번만 더 쓰고 그만둬야겠다."고 생각하기도 했다. 그러나 글에 마음을 담아 성도들에게 전달한다는 생각에 설렘과 감사가 넘쳤고, 자녀를 포기하지 않는 부모의 심정으로 서신을 써 내려갔다. 이 글을 읽는 독자들도 마음의 혼돈과 불안을 물리치고, 예수님 안에서 발견되는 든든한 소망을 붙잡기를 기도한다.

#1

사람은 한치 앞을 모르는
연약한 존재임을 부인할 수 없습니다.

그래서 호흡하는 자는
호흡을 주신
하나님의 인도하심을 구해야 합니다.
그분 앞에서 악한 길을 떠나
스스로 낮추고 겸손해야 합니다

서신 #1

인생은 한치 앞을 모르는 연약한 존재입니다. 1976년 6월 27일 아랍 게릴라들은 많은 유대인이 탑승한 에어프랑스 여객기를 납치하여 우간다 엔테베 공항에 강제 착륙시킵니다. 당시 로마의 네로 황제처럼 악명 높은 이디 아민Idi Amin 대통령에게 유대인을 인계했고 백여 명의 승객은 죽음의 그림자에 갇히게 되었습니다.

그런 와중에 이스라엘과 영국, 이중 시민권을 소유했던 도라Dora Bloch라는 여성이 인질 중에서 유일하게 풀려나 엔테베 근교 병원으로 실려갑니다. 비행기 안에서 갑자기 몸이 매우 아팠기 때문입니다. 인질로 잡힌 승객들은 병원 침대에 누워 편하게 치료받을 도라를 생각하며 부러워했습니다.

며칠 후, 그 유명한 이스라엘 특공대의 엔테베 인질 구출 작전이 실시되었습니다. 그리고 인질로 잡혔던 승객 모두가 극적으로 공항을 탈출하는 데 성공합니다. 병원에 실려 간 도라는 어떻게 되었겠습니까? 분노한 이디 아민에 의해 설탕 수수밭에서 처형을 당하고 말았습니다. 다른 사람의 부러움을 샀던 여인이 한 순간 동정의 대상으로 변한 것입니다. 사람은 한치 앞을 모르는 지극히 유한한 존재가 아닐 수 없습니다. 지혜의 왕으로 일컫는 솔로몬이 도라라는 여인과 비슷한 상황을 보았는지 모르겠습니다. 그의 말을 들어보십시오.

> "바람을 다스려 그치게 할 수 있는 사람이 없듯이, 자기가 죽을 날을 피하거나 연기시킬 수 있는 사람도 없다"
>
> (전 8:8, 새번역)

사람은 한치 앞을 모르는 연약한 존재임을 부인할 수 없습니다. 그래서 호흡하는 자는 호흡을 주신 하나님의 인도하심을 구해야 합니다. 그분 앞에서 악한 길을 떠나 스스로 낮추고 겸손해야 합니다(대하 7:14). 회개와 겸손은 기도 응답의 비료이기 때문에 감사로 하나님을 영화롭게 해야 할 것입니다.

뇌성마비 환자였던 송명희는 걷지 못함은 물론 말도 어눌한 장애인이었습니다. 일곱 살까지 침상에 누워있어야 했고, 열 살이 되어서야 겨우 숟가락을 손에 쥘 수 있었다고 합니다. 설상가상으로 아버지는 폐결핵 환자였으며 집안은 찢어지게 가난했습니다. 그녀는 삶이 어려운 만큼 매일 하나님을 원망했습니다. "하나님 왜 나를 이 지경으로 만들어 놓았습니까!"

송명희는 자신의 운명을 저주하며 몇 차례 자살을 시도합니다. 그리고 인생의 밑바닥에서 하나님을 만나게 됩니다. 하나님을 만나고 나니, 고난에 대한 관점이 점점 달라지기 시작했습니다. 원망하던 입술에서 감사가 흘러나왔고, 많은 사람에게 감동을 주는 시인이 되었습니다. 저는 송명희 시인이 작곡한 다음의 찬양을 좋아합니다.

나 가진 재물 없으나
나 남이 가진 지식 없으나
나 남에게 있는 건강 있지 않으나
나 남이 없는 것 있으니

나 남이 못 본 것을 보았고

나 남이 듣지 못한 음성 들었고

나 남이 받지 못한 사랑받았고

나 남이 모르는 것 깨달았네

공평하신 하나님이

나 남이 가진 것 없지만

공평하신 하나님이 나 남이 없는 것 갖게 하셨네

입에 불평을 달고 살았던 뇌성마비 환자 송명희 시인의 감사와 노래로 원망의 늪을 헤어 나오지 못하던 사람들이 변하기 시작했습니다. 수많은 영혼이 예수님께 돌아오는 역사가 나타났습니다. 한 사람의 하나님을 향한 감사가 이렇게 엄청난 힘을 발산한다는 사실에 놀라지 않을 수 없습니다.

종교 개혁자 마틴 루터는 "Come, let us sing a psalm and drive away the Devil!"(함께 시편을 찬양하세 그리고 마귀를 물리치세)이라고 권면했습니다.

코로나 19의 행패는 가히 놀랍습니다. 그러나 현재 상황이 전화위복이 되지 못한다는 장담을 누가 하겠습니까? 광야에서 이백만 이스라엘 백성을 사십 년 동안 먹고 마시게 하신 하나님 앞에 불가능한 것이 무엇이겠습니까?

하나님의 전능하심을 선포하는 아래의 말씀을 찾아 큰 소리로 읽어보십시오.

1. 시편 24:8

2. 시편 27:1-3

3. 시편 74:12-15

(시편 74:14 "리워야단"Leviathan: 욥기 41:1에도 언급되며 바다에 사는 거대한 동물로 고대인들에게 두려움을 주는 악어, 또는 큰 뱀 또는 용을 일컫는다. 이사야 27:1에도 언급된다.)

아침에는 개인기도, 저녁에는 가족(목장 가족과 시간을 정하여 함께)이 찬양과 기도할 때, 자리에서 일어나 하나님의 권능을 선포하십시오!

선창: "영광의 왕이 누구시냐?"

Who is this King of glory?

합창: "강하고 능하신 여호와시라!"

The Lord strong and mighty!

선창: "영광의 왕이 누구시냐?"

Who is this King of glory?

합창: "전쟁에 능한 여호와시로다!"

The Lord mighty in battle!

영광의 왕이 누구시냐
강하고 능한 여호와시요
전쟁에 능한 여호와시로다
(시 24:8)

#2

과거와 현재 상황에 전혀 영향을 받을 수는 없지만
그것에 지배를 받아서는 안 됩니다.

자신을 과거나 코로나 19의
피해자로 생각하지 말고
"하나님께서 지금
어떤 기회를 주시는 것일까?"
생각해 보십시오.

서신 #2

사람은 누구나 격조 높은 인생을 살고 싶어 합니다. 그러한 삶이 가능할까요?

● 감사해야 합니다

격조 높은 인생은 주어지는 것이 아니라 뜨개질을 하듯 작게 시작하는 것입니다. 가정 전문가들은 이혼을 예방하는 열쇠로 감사를 꼽았습니다. 불화하는 부부의 공통점은 배우자를 무시하거나 하찮게 여기는 태도를 가진 것이었다고 합니다. 좋을 때나 궂을 때나 범사에 감사해야 합니다.

(살전 5:18)

● 표를 세우고 전심전력해야 합니다.

적당히 한 시간을 운동하는 사람보다 전심으로 30분 전력하는 것이 훨씬 효과적이라고 합니다. 잡념과 방해의 문을 열고 1시간 성경을 읽는 것보다 10분을 읽더라도 전념하는 것이 낫습니다. 목표를 세우고 전심전력하는 것은 가정, 사회, 신앙생활에도 적용됩니다. 조금만 노력하면 성취할 수 있는 목표를 정하고 전심전력하는 겁니다. "호랑이에게 물려 가도 정신만 차리면 산다."는 말을 들어보셨을 겁니다. 지금은 어느 때보다 정신을 차려야 할 때입니다. 위기 속에는 늘 기회가 숨어 있습니다. 정신을 차리면 기회가 보이고 전심전력함으로 목표를 성취하게 될 것입니다.

대나무는 세계에서 가장 빠르게 자라나는 다년생풀에 속하는 식물입니다. 대나무의 성장 속도는 지역, 토양, 기후에 따라 따르지만 일반적으로 싹이 난 후 약 4~5 년 뒤에 성장을 마치는데, 다 자란 대나무의 평균 길이는 이십 미터이며 최고 사십 미터까지 자란다고 하니 놀랍습니다. 대나무가 씩씩하게 높이 자라는 이유는 매듭이 분명하기 때문입니다. 코로나 바이러스로 염려와 손해가 많지만 이 상황 속에 숨어 있는 기회는 무엇일까요?

심각한 알콜 중독자인 한 아버지가 있었습니다. 그에게는 두 아들이 있었는데 큰 아들은 아버지처럼 알콜 중독자가 되었고 둘째 아들은 성공적인 사업을 운영하고 있었습니다.

사회학자가 큰 아들에게 물었습니다. "왜 당신은 알콜 중독자가 되었습니까?" 아들은 "아버지 때문"이라고 대답했습니다. 늘 술에 취해 있는 아버지를 보면서 자신도 아버지처럼 중독자가 되었노라고 대답했습니다.

이번에는 둘째 아들에게 동일한 질문을 했더니, "아버지의 술취한 모습을 보면서 아버지를 닮아서는 안 된다고 결심했습니다. 그리고 공부와 사회 생활에 전념한 결과 성공적인 사업을 일구게 되었습니다."라고 했습니다.

과거와 현재 상황에 전혀 영향 받지 않을 수는 없지만 그것에 지배를 받아서는 안 됩니다. 자신을 과거나 코로나 19의 피해자로 생각하지 말고 "하나님께서 지금 어떤 기회를 주시는 것일까?" 생각해 보십시오. 예수 그리스도를 믿는 신앙인도 실패와 절망을 만납니다. 미국의 16대 대통령 아브라함 링컨은 실패를 연속했지만 가장 존경받는 대통령이 되었습니다.

그는 가난한 구두 수선공의 아들이었다.

가난으로 인해 그는 학교를 구 개월밖에 다니지 못하였다.

그가 아홉 살이었을 때에 어머니가 세상을 떠났다.

스물두 살에 사업을 시작하였으나 여지없이 실패하였다.

스물세 살에 주의회에 출마하였으나 낙선하였다.

스물네 살에 다시 사업을 시작하였으나 실패하여
십칠 년 동안이나 빚을 갚았다.

스물일곱 살에 신경쇠약과 정신분열증에 시달렸다.

스물아홉 살에 의회 의장직에 나섰으나 낙선하였다.

서른한 살에 대통령 선거위원에 나섰으나 실패하였다.

서른네 살에 국회의원에 출마하였으나 낙선하였다.

서른일곱 살에 국회의원에 당선되었으나

서른아홉 살에 다시 낙선하였다.

마흔여섯 살에 상원의원으로 출마하였으나 낙선하였다.

마흔일곱 살에 부통령으로 출마하였으나 낙선하였다.

마흔아홉 살에 다시 상원의원에 출마하였으나
낙선하였다.

쉰한 살에 미국의 16대 대통령에 출마하여
드디어 당선되었다.

그리고 가장 존경받는 대통령이 되었다.

실패가 이어지면 기가 죽습니다. 한 가지 실패로 모든 것을 체념하게 되고 소망을 쳐다보지 않는 경우가 많습니다. 그러나 링컨은 실패 속에 숨은 기회를 찾았습니다. 좌절의 돌부리에 걸려 넘어질 때마다 더 높은 목표에 도전하였습니다. 뉴송 가족들이 링컨 같은 용기를 가지고 소망을 바라본다면 지금의 어려움을 디딤돌로 삼아 감사가 넘치는 회복에 오를 수 있을 것입니다.

"타블라 라사"tabula rasa라는 단어는 라틴어인데 "깨끗한 석판"으로 정의되어 있습니다. 인식론적인 측면에서 사람은 누구나 "백지" 상태로 태어나며 출생 이후 사회 활동과 경험에 의해 인격이 형성된다는 뜻이기도 합니다.

타블라 라사 = 깨끗한 석판

하나님은 좋을 때도 기회를 주시지만 어려운 상황에도 석판을 선물로 주십니다. 전능하신 하나님은 낮이나 밤이나 결코 떠나지 않으시며 지금도 우리의 손을 붙잡고 계십니다. 코로나 19의 비탈길을 오르지만 가족과 목장이 함께하면 얼마든지 오를 수 있습니다. 그리고 정상에 우뚝 서서 산 아래 아름답고 찬란한 모습을 보게 될 것입니다.

오뚝이처럼 벌떡 일어난 감동과 감사의 이야기를 쓰는 작가가 되십시오. 식사 후나 시간을 정해 가족일기 쓰기를 적극 제안합니다. 처음 한 줄 쓰기는 어렵지만 쓰다 보면 문장이 되고 가족 이야기를 담은 귀한 글이 될 것입니다. 가족일기를 교회로 보내 주시면 뉴송 가족들과 공유하겠습니다. 터널을 지나는 지금, 감사와 목표를 정하고 전심전력함으로 승리하십시오!

여호와는 나의 빛이요
나의 구원이시니
내가 누구를 두려워하리요
여호와는 내 생명의 능력이시니
내가 누구를 무서워하리요
(시 27:1)

#3

섬기는 사람이 존귀한 사람이며(요 12:26)
행복한 사람입니다.

인류를 섬기려 하지 말고
가까운 사람을 섬기십시오.
행복은 멀리 있는 것이 아니라
낮아져 섬기는 곳에 있음을
발견하게 될 것입니다.

서신 #3

사람은 누구나 욕구가 있습니다.

첫째는 생존의 욕구입니다. 이번 코로나 19의 여파로 마트에서 빵, 고기, 치즈 선반이 텅 빈 것만 보아도 생존의 욕구가 얼마나 강한지 짐작이 갑니다.

둘째는 행복의 욕구입니다. 건강하고, 공부하고, 성공에 힘쓰는 것은 결국 행복의 욕구를 충족하기 위함이 아니겠습니까?

미국에 퓨 리서치 센터Pew Research Center라는 설문 기관에서 2017년, 세계인들에게 "어떻게 하루를 보냈는가?"라는 질문에 대해 다음의 세 가지 카테고리로 답을 하게 했습니다.

● 행복한 하루를 보냈다

Good day

● 평범한 하루를 보냈다

Typical day

● 불쾌한 하루를 보냈다

Bad day

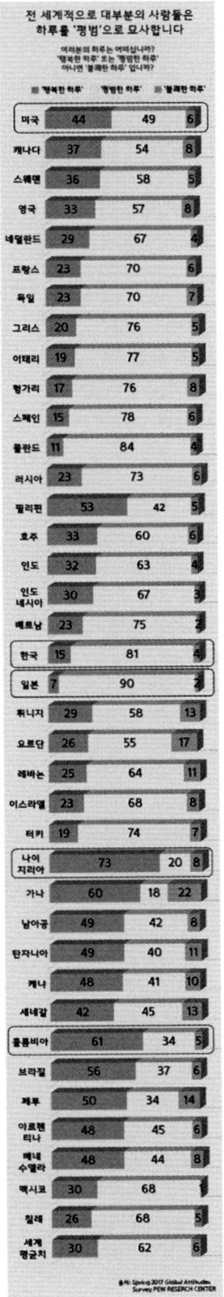

오른쪽의 차트에서 맨 아래에 보면 지구촌 38개국의 행복한 하루 평균치가 나와 있습니다.

● 행복한 하루를 보냈다 - 30%

● 평범한 하루를 보냈다 - 62%

● 불쾌한 하루를 보냈다 - 6%

행복한 하루를 보낸 나라 1등은 나이지리아로 가장 높은 73%가 나왔습니다.

콜롬비아가 61%로 2등을 차지했습니다.

미국은 행복한 하루를 보낸 사람이 44%,

한국은 행복한 하루를 보낸 사람이 15%에 불과했습니다.

일본은 행복한 하루를 보낸 사람이 7%로 가장 낮았습니다.

사람은 가치를 좇아 인생을 경주하는데, 돈, 권력, 명예를 가장 귀하게 여기는 사람들에게 있는 그것은 '가짐의 가치'입니다. 다음은 '됨의 가치'를 최고 목표로 하는 사람들이 있습니다. 이들은 특정한 기술과 직업을 최고의 가치로 여기며 뛰니다.

마지막 셋째는 '섬김의 가치'를 가장 중시 여기는 사람들입니다. 예수님은 위의 세 가지 중 섬김의 가치를 가르쳐 주셨습니다.

"인자가 온 것은 섬김을 받으려 함이 아니라 도리어 섬기려 하고 자기 목숨을 많은 사람의 대속물로 주려 함이니라"(막 10:45).

예수님의 행복은 섬김에 있습니다. 섬김을 받으면 신기루처럼 잠깐 좋습니다. 그러나 예수님 이름으로 섬기면 행복한 하루가 되고 신나는 사람이 됩니다. 예수님을 닮으려 하며 섬긴 한 사람을 꼽으라면 그녀는 마더 테레사Mother Teresa입니다. 아시는 대로 그녀는 가진 것이 없습니다. 권력이나 명예를 추구하지도 않았습니다. 누가 그분이 불행한 삶을 살았다고 말할 수 있겠습니까? 수년 전 인도의 콜카타Kolkata를 방문하여 마더 테레사가 섬긴 사랑의 선교수녀회Missionaries of charity를 방문했습니다. 뜨거운 열기가 올라오는 부엌 바로 위가 마더 테레사 방이었습니다. 가구도 별로 없고 벽에는 십자가와 가시 면류관 그리고 예수님의 사진만 있었지만 누구보다 행복한 삶을 살 수 있게 했던 열쇠는 섬김이었습니다.

한국이나 일본의 행복 순위가 낮은 것은 개인적이며 이기적인 사람이 많기 때문일지 모릅니다. 이러한 현상은 국가적 차원에서만이 아니라 개인적으로도 나타납니다. 예수님처럼 "인자가 온 것은 … 섬기려 하고…" 섬기는 사람이 존귀한 사람이며(요 12:26) 행복한 사람입니다. 인류를 섬기려 하지 말고 가까운 사람을 섬기십시오. 행복은 멀리 있는 것이 아니라 낮아져 섬기는 곳에 있음을 발견하게 될 것입니다.

사람이 나를 섬기려면 나를 따르라
나 있는 곳에 나를 섬기는 자도
거기 있으리니
사람이 나를 섬기면
내 아버지께서 그를 귀히 여기시리라
(요 12:26)

#4

외출에 제한을 받는 지금
집에 있는 시간이 많습니다.

우리에게 이 시간은
눈앞에 있는 장애물로 인해
두려워하는 시간이 아니라,
속사람의 근육을 키우고 건강하게
만드는 도전을 하기에 좋은 시간입니다.

서신 #4

다시 태양이 떠올랐습니다! 이번 한 주도 하나님의 선물입니다. 오늘날 우리 모두의 앞에는 마치 공통된 장애물이 놓여 있는 것 같습니다. 이와 관련하여 세계적인 해부학자이며 버클리 대학 신경학 교수인 메리언 다이아몬드 박사Dr. Marian Diamond 팀의 연구를 소개할까 합니다.

"도전과 장애물이 뇌에 어떤 영향을 미치는가?"

연구팀은 쥐를 두 무리로 나누어 한 무리는 손쉽게 먹이를 구하게 하고, 다른 무리의 쥐들은 먹이 앞에 어려운 장애물을 두었습니다. 연구 결과 장애물을 뛰어 넘어야 하는 쥐들의 대뇌피질 신경 세포가 훨씬 발달되었다고 합니다. 장애물을 넘기 위해 신경을 곤두세우고 머리를 썼기 때문입니다. 반대로 쉽게 먹이를 얻은 쥐들은 어떻게 되었을까요? 머리 회전이 느리고 비만해져 민첩성을 잃었다고 합니다. 비록 쥐를 대상한 실험이지만 이는 인생에서 도전이 중요함을 시사해 줍니다.

피트니스 센터에서 운동하는 사람들 얼굴을 관찰해 보신 적이 있나요? 근육을 단련하기 위해 역기를 들든, 러닝머신 위에서 달리기를 하든 대부분은 찡그리는 모습입니다. 몸의 한계와 힘듦을 표정으로 발산하고 있는 것입니다. 그렇게 운동한 사람과 그렇지 않은 사람은 당장은 차이가 없어 보입니다. 그러나 시간이 흐르면서 차이는 현저하게 드러나게 됩니다.

뉴욕타임즈 편집부 기자인 마라 게이Mara Gay는 "코로나 19는 우리들의 무릎을 꿇게 만들었다"라는 제목의 글을 썼습니다. 그의 글 제목과 같이 사람은 신이 아니라 피조물에 불과함을 모두가 실감하고 있습니다. 눈에 보이지 않는 장애물을 마주한 것 같은 이 상황을 우리는 어떻게 받아들여야 할까요? 이와 같은 상황에 놓인 한 사람을 소개합니다.

얼마 전, 도쿄 올림픽 경기가 1년 연기되었다는 소식을 접하셨으리라 생각합니다. 불가피한 선택이지만, 선수들을 향해서는 안타까운 마음이 들었습니다. 올림픽 출전 선수가 되려면 종목에 따라 다르지만 3천에서 7천시간 동안 고된 집중훈련을 받아야 합니다. 보통 4년에서 7년 동안 집중해야 하는데, 특히 기계체조 선수의 경우, 9천 시간이 필요하다고 합니다. 9.7년을 체육관에서 살다시피 하며 피나는 노력을 하는 것입니다. 이렇게 많은 시간을 연습하며 준비한 올림픽에출전을 못하게 되었다고 생각해 보십시오. 올림픽을 1년 더 기다려야 한다는 결정에 한 선수가 아래의 말을 했습니다.

What can I do NOW?

지금 할 수 있는 것은 무엇인가?

What can I do LATER?

나중에 할 수 있는 것은 무엇인가?

What can I do NEVER?

앞으로도 불가능한 것은 무엇인가?

이 선수는 스스로에게 이 세 가지 질문을 하면서 내년 올림픽 준비를 하겠노라고 대답했습니다. 20대에 불과한 어린 선수지만 그가 가진 깊은 생각과 꺾이지 않는 도전 정신이 저에게 큰 감동을 주었습니다. 또한 우리 그리스도인은 이 위기 가운데 어떠한 도전으로 속사람을 새롭게 할 것인지 생각해 보게 되었습니다.

지금 할 수 있는 것은 무엇인가?

오늘 잠자리에 들기 전 세 가지 감사를 쓸 수 있다.

시간에 쫓겨 읽지 못했던 성경을 한 장은 읽을 수 있다.

배우자와 자녀를 위해 십 분 동안 기도할 수 있다.

가족과 지인에게 평소 소홀히 했던 감사와 사랑의 표현을 할 수 있다.

나중에 할 수 있는 것은 무엇인가?

여행을 할 수 있다.

친구를 만나 밀린 대화를 나눌 수 있다.

지인을 집으로 초대하여 식사 교제를 할 수 있다.

성도들이 모두 한 자리에 모여 예배드릴 수 있다.

가족과 함께 취미생활(스포츠 및 공연관람)을 할 수 있다.

K 성도의 일기

1.

필기도구를 갖추고 옷깃을 가다듬고 단정히 의자에 앉아 영상으로 예배를 드렸다. 시편 13:1~4 "여호와여 어느 때까지이니까" 끝을 알 수 없는 코로나 바이러스 균과의 전쟁이… 교회에서 드리던 예배가 익숙한 터에 목사님 설교를 영상을 통해 들으며 아멘으로 화답하며 벌떡 일어나 손을 들고 찬양을 하는 색다른 이런 예배 방식으로 난 이전에 느껴보지 못한 새로운 은혜를 경험했다.

2.

오랜만에 책장을 정리했다. 활자가 작고 누렇게 바랜 오래된 책들은 모두 과감히 버렸다. 구름 한 점 없이 맑게 개인 청명한 하늘. 나무 위에서 지저귀는 새소리를 들으며 비단결 같은 따뜻한 햇살이 스며드는 창가에 앉아 오랜만에 밀린 독서를 즐기는 여유로움. 코로나 바이러스의 공포를 피할 수 없으면 평안한 마음으로 평범했던 나의 일상을 즐기리라!("오직 내 말을 듣는 자는 평안히 살며 재앙의 두려움 없이 안전하리라" 잠 1:33)

* 이 일기는 뉴송교회 성도들이 코로나 19로 인해 무기력하게 느껴지는 일상 속에서 일기를 쓰는 것으로 삶을 돌아보고 감사하는 하루를 보내자는 일환으로 시작된 일기 쓰기에 참여한 성도들이 보내온 일기 중 하나입니다.

앞으로도 불가능한 것은 무엇인가?

지금 낭비한 시간을 되찾아 쓸 수 없다.

자녀들이 장성하고 나서는 지금처럼 내 곁에서 시간을 보낼 수 없다.

인간의 능력으로 모든 상황을 통제하는 것은 앞으로도 불가능하다.

현 상황에서 지금 가족과 함께 있는 시간은 되돌아오지 않는다.

나태한 생각으로 주어진 축복의 기회를 놓치는 것.

세상을 떠난 지인에게 미안하다 또는 사랑한다는 고백을 못하는 것.

아무리 부자여도, 아무리 지식인이어도, 아무리 건강한 사람이어도 오늘 시간을 낭비하고 후회하는 날이 되어서 다시 찾아 쓸 수는 없습니다. 『이기는 정주영, 지지 않는 이병철』이라는 제목의 책에서 故 정주영 회장은 78세에 대통령에 출마할 때의 심정을 쏟아 놓습니다. 주위에서 나이가 너무 많지 않느냐고 질문하자, 집권 뒤 하루라도 결근하면 즉시 청와대에서 내쫓아도 좋다고 대꾸하면서 건강을 자신했습니다.

故 정주영 회장이 살아생전 즐겨 불렀던 "인생"이라는 가요의 가사를 보면, 그가 인생을 얼마나 열심히 살았을지 짐작해 볼 수 있습니다.

인생

세상에 올 때 내 맘대로 온 건 아니지만은
이 가슴에 꿈도 많았지
내 손에 없는 내 것을 찾아
낮이나 밤이나 뒤 볼 새 없이 나는 뛰었지
이제 와 생각하니 꿈만 같은데
두 번 살 수 없는 인생 후회도 많아
스쳐간 세월 아쉬워한들 돌릴 수 없으니
남은 세월 잘 해 봐야지
나머지 인생 잘 해 봐야지
나머지 인생 잘 해 봐야지

외출이 제한을 받는 지금 집에 있는 시간이 많습니다. 우리에게 이 시간은 눈앞에 있는 장애물로 인해 두려워하는 시간이 아니라, 속사람의 근육을 키우고 건강하게 만드는 도전을 하기에 좋은 시간입니다. 인생을 돌아보며 계획하기에 좋은 기회입니다. 스마트폰을 종일 들여다보며 시간을 보내고 나서 나중에 후회한다고 해도 다시 이 시간을 찾아서 쓸 수는 없습니다. 하루쯤은 과감하게 모든 디바이스들을 내려놓고 나머지 인생을 후회하지 않고 잘 살기 위한 도전의 시간을 가져 보면 어떨까요?

> "일의 결국을 다 들었으니 하나님을 경외하고 그 명령을 지킬지어다 이것이 사람의 본분이니라" (전 12:13)

하나님은

예로부터 나의 왕이시라

사람에게

구원을 베푸셨나이다

(시 74:12)

#5

고난, 가난 그리고 질병과 싸우는 사람은
고독합니다.

주변을 돌아보시겠습니까?
내 옆에 좋은 사람들,
하나님의 사람들이 있다면
지금 이 골짜기를
넉넉히 지나갈 수 있습니다.

서신 #5

코로나 19가 미국 전역에 창궐한 이후로 서로 간에 사회적 거리를 두고, 자택 격리하는 것이 당연한 일상이 되었습니다. 그동안 누렸던 평범한 일상이 얼마나 소중한 선물이었는지 모두가 실감하고 있습니다. 집에 머무는 시간이 이전보다 훨씬 많아진 아내는 집안과 차고 대청소를 선언하더니 곧 그 일에 전념하기 시작했습니다.

청소를 해서 집안이 깨끗해지는 것은 좋은데 일말의 불안함도 없지 않습니다. 왜냐하면 아내는 자기 물건뿐만 아니라 저의 물건까지도 쓰지 않는다 싶은 게 발견되면 묻지도 않고 신속하게 처리해 버리기 때문입니다. 지난 월요일, 서재에 앉아있는데 책상 서랍을 뒤지더니 "이것을 버리겠다!"고 하기에 보았더니, 오래전에 보았던 『록키』Rocky 영화 세트였습니다. "나중에 또 볼 거니까 버리지 말라."고 부탁했습니다.

좋은 책을 읽으면 마치 보고 싶었던 친구를 만나는 듯 기분이 좋아집니다. 영화도 예외는 아닙니다. 감동과 여운이 오래가는 영화가 있게 마련인데 저는 『록키』를 매우 좋아해서 수년 전에 이미 시리즈 다섯편을 모두 보았습니다.

내용은 필라델피아 출신의 가난한 권투 선수 록키가 피눈물 나는 훈련을 반복하여 결국 챔피언 자리에 오른다는 줄거리입니다. 필라델피아 뒷골목에서 4회전 복서에 불과했던 록키가 도저히 불가능한 상황에서 챔피언이 될 수 있었던 것은 무엇 때문이었겠습니까?

그의 주변에 있던 좋은 사람들 덕분입니다. 순한 양처럼 조용하고 수줍음을 타지만 남편을 믿어 주며 미소 짓는 아내가 늘 옆에 있었습니다. 조용한 그녀지만 록키가 좌절할 때는 담대한 사자의 모습으로 변합니다.

"지금 여기서 멈추면 영원한 패배자가 된다. 반드시 재기해야 한다!"며 휘청거리는 남편을 붙잡아 줍니다. 그 장면 뒤에는 항상 "빠바방!" 하고 록키의 주제곡이 폭풍 속의 무지개처럼 터집니다. 이 영화 주제곡은 투병하는 사람들이 좋아하는 노래라고 합니다. 지금은 고인이 되었지만 베스트셀러 『마지막 강의』*Last lecture*의 저자인 카네기 멜론 공대Carnegie Mellon University의 랜디 포시Randy Pausch 교수는 췌장암과 씨름하면서 록키 영화 주제곡을 자주 들었다고 합니다. 록키가 상대 선수를 강한 펀치로 넉아웃 시켰듯 그도 암과의 대결에서 이기고 싶었기 때문일 것입니다.

주인공 록키 옆에는 또 누가 있습니까? 체구가 작고 나이 많은 미키라는 코치가 있습니다. 그는 늘 록키에게 같은 말을 반복합니다. "권투는 힘으로 싸우는 것이 아니다. 먼저 정신으로 싸우는 것이다!"며 록키가 초심을 잃지 않도록 꾸중과 잔소리를 통해 그를 바로잡아 줍니다.

또한 록키에게는 그를 아끼고 사랑하는 관중이 있습니다. 상대 선수의 강한 펀치를 얻어맞고 휘청거리거나 쓰러지면 "록키! 록키! 록키!" 이름을 부르며 열띤 응원을 보냅니다. 이러한 응원군 덕분에 록키는 결국 챔피언 자리를 쟁취하게 됩니다. 인생은 권투와 비슷하다고 생각합니다. 권투는 링 위에서 홀로 싸워야 하는 경기입니다. 때로 멍이 들기도 하고 피가 나도록 얻어맞아 쓰러지기도 합니다.

고난, 가난 그리고 질병과 싸우는 사람은 고독합니다. 주위를 돌아보면 한 사람도 예외 없이 코로나 19와 싸우고 있습니다. 쉽지 않은 상대이며 길고 긴 싸움이 될 것으로 예상합니다. 고독한 얼굴을 가진 성도들의 얼굴이 하나둘 떠오릅니다. 연세가 많은 분도 있고 어린 초등학생들도 보입니다. 고등학교 졸업반 학생들을 생각하면 마음이 짠합니다. 선생님과 친구들에게 안녕이라는 말도 못합니다. 빛나는 졸업식에도 참석하지 못하니 그 마음이 어떻겠습니까?

그러나 주변을 돌아보시겠습니까? 내 옆에 좋은 사람들, 하나님의 사람들이 있다면 지금 이 골짜기를 넉넉히 지나갈 수 있습니다. 제게는 어머니와 아내가 그런 사람입니다. 요즘 같은 때는 아내들이 삼시 세끼를 챙기느라 고단하다는 이야기들을 듣습니다. 한 자매님은 전화 통화를 하던 중 "남편에게 하루 세끼를 정성들여 차려줘도 감사해하지 않는다."며 마음이 무척 섭섭하다고 했습니다.

남자들은 표현하고는 싶지만 가슴 깊이 담아 두고 사는 경우가 많습니다. 사랑과 감사와 칭찬이 가장 많은 곳이 장례식장입니다. 고인 앞에서 쏟아 놓는 조사 내용 중 십분의 일만이라도 평소에 표현했더라면 덜 후회하지 않을까 생각합니다.

지난해 말부터 아내가 손가락이 아프다는 말을 몇 번 했습니다. 의사를 만나고 오더니 퇴행성 관절염일 가능성이 있다고 했습니다. 그 말을 듣고 나니 마음이 짠하고 미안했습니다. 어떻게 손가락에 고통을 덜어줄까 생각하다가 "설거지는 내가 하리라!"고 마음을 정하고 매일 실천하고 있습니다.

곧 '어머니 주일'이 찾아옵니다. 인생의 권투장에서 응원을 보내는 아내에게 마음에 담아 두었던 감사와 칭찬을 전해 보십시오. 성경은 "남편들아 아내 사랑하기를 그리스도께서 교회를 사랑하시고 그 교회를 위하여 자신을 주심 같이 하라. … 너희도 각각 자기의 아내 사랑하기를 자신 같이 하고 아내도 자기 남편을 존경하라."(엡 5:25, 33)라고 권면합니다.

가정에서 사랑과 존경이 꿈틀거리면 코로나 19가 아무리 강적이라도 감당할 수 있습니다. 영화에서는 록키가 쓰러지기는 하지만 녹다운 당하지는 않습니다. 그것이 바울의 고백이었습니다. 그는 사방으로 우겨쌈을 당한 상태에서 어떻게 자신의 신앙을 고백했습니까?

> "박해를 받아도 버린 바 되지 아니하며
> 거꾸러뜨림을 당하여도 망하지 아니하고"(고후 4:9)

우리는 쓰러질지언정, 결코 패배하지 않습니다!

We may be **knocked down,**

but we are **never knocked out**!

어제와 오늘, 그리고 영원토록 동일하신 예수님을 주님으로 고백하고 선포하는 가정은 거꾸러뜨림을 당할지는 몰라도 절대로 망하지 않습니다! 이것은 하나님의 약속입니다. 그 약속을 붙잡고 록키처럼 승리하시기 바랍니다.

그러나 너희도 각각
자기의 아내 사랑하기를
자신 같이 하고
아내도 자기 남편을 존경하라
(엡 5:33)

#6

하나님께서는
감사하는 사람을 좋아하십니다.

감사가 끊이지 않고
오늘도 내일도 계속되면,
바울처럼 감옥에서라도
"항상 기뻐하라"(빌 4:4)고 고백할 수 있는
초월의 삶을 살게 될 것입니다.

서신 #6

캐롤튼으로 이전하기 전, 뉴송교회는 달라스에 있었습니다. 교회 이름은 '달라스한인제일침례교회'였습니다. 달라스한인제일침례교회 초창기에는 달라스 시내에 위치한 지금의 미국 제일침례교회First Baptist Church of Dallas 건물을 사용했습니다. 크리스웰Dr. W.A. Criswell 목사님께서 50년 이상 담임목사로 이 교회를 섬기셨습니다.

크리스웰 목사님의 첫 목회지는 오클라호마Oklahoma의 치카사Chickasha라는 작은 도시였지요. 담임목사로 부임하자마자 전교인 대심방과 전도 심방을 시작했습니다. 홀로 사는 할머니를 심방하기 위해 사모님과 함께 문을 두드렸습니다. 할머니는 퉁명스럽게 "무엇 때문에 왔느냐?"고 하며 공격적으로 응했습니다. 크리스웰 목사님은 새로 부임해서 인사를 드리러 왔다고 하자 할머니는 "나는 신의 존재를 믿지 않으니 전도할 생각은 꿈도 꾸지 말고 돌아가라!"고 했습니다. 그렇지만 크리스웰 목사님 내외는 포기하지 않고 할머니를 설득하여 겨우 집안으로 들어갔습니다. 할머니는 "남편이 세상을 떠난 후, 오클라호마로 이사를 왔다"고 하면서 시간이 날 때마다 글을 쓴다고 했고 그 내용을 소개했습니다.

"나는 오클라호마가 싫다.
이 땅은 못된 사람들만 사는 땅, 나는 이곳이 싫다.
뱀이 갑자기 나타나 사람을 무는 땅, 나는 이곳이 싫다.
소망을 품은 사람의 미래를 도적질하는 땅,
나는 오클라호마가 싫다."

크리스웰 목사님은 마음 깊이 원망의 뿌리를 내리고 사는 할머니와의 대화를 끝내고 무거운 마음으로 돌아왔다고 합니다. 얼마 후 할머니가 세상을 떠났다는 소식과 함께 장례를 집례해 달라는 부탁을 받습니다. 장례 시간이 되었지만 조문객은 한 명도 오지 않았습니다. 크리스웰 목사님은 조문객이 하나도 없는 고독한 장례식을 마치고 돌아오면서 이렇게 중얼거렸다고 합니다.

"감사하지 않으면 친구가 없다."

Ingratitude has no friends.

사람은 소유가 많아서 행복한 것이 아니라 감사하기 때문에 행복할 수 있습니다. 코로나 19로 잃은 것들, 할 수 없는 것들이 많은 것은 사실이지만 그래도 우리는 여전히 감사할 수 있습니다. 종을 쳤는데 소리가 나지 않으면 종이 아니 듯, 고백 되지 않는 감사는 감사일 수 없습니다!

빌립보서 4:6b에 보면 "너희 구할 것을 감사함으로"라고 말씀합니다. 영어 성경으로 읽으면 " by prayer and petition, ***with*** thanksgiving."입니다.

바울은 "and(그리고)"가 아니라 "with(함께)"라고 말합니다. 바울이 무엇을 말하고 싶은 것일까 생각해 보십시오. 기도를 하든지 간구를 하든지 감사와 함께 하라는 말입니다. 모든 일상에 감사를 포함시킨 결과는 "예수 안에서 너희 마음과 생각을 지키시리라(빌 4:7b.)"입니다. 하나님께서 우리 마음과 생각의 평강이 침범 당하지 않도록 보초를 서 주시겠다니 얼마나 놀라운 약속입니까?

하나님께서는 감사하는 사람을 좋아하십니다. 감사가 끊이지 않고 오늘도 내일도 계속되면, 바울처럼 감옥에서라도 "항상 기뻐하라"(빌 4:4)고 고백할 수 있는 초월의 삶을 살게 될 것입니다.

감사하지 않은 대표적인 한 사람을 소개할까 합니다. 지난 서신에 말씀드렸던 『록키』라는 영화에 나오는 인물입니다. 영화 록키 다섯 번째편에 보면 왕년의 복싱 챔피언이었던 록키는 은퇴합니다. 가난한 20대 무명 선수였던 토미 건이 은퇴한 록키를 찾아가 "나를 복서로 키워 달라!"며 간청합니다. 왕년의 복싱 챔피온 록키는 자신의 초창기 시절을 떠올리며 오랜 선수 생활을 통해 터득한 자신만의 노하우로 젊은 선수를 훈련시킵니다. 결국 토미는 헤비급 챔피언이 되고 삽시간에 유명한 복싱 선수가 됩니다.

그런데 돈벌이에 혈안이 된 스포츠 기획자가 찾아와 토미 건을 부추깁니다. "유명한 것과 부자가 되는 것은 다르다. 이제 돈을 벌어야 한다. 돈을 벌려면 왕년의 챔피언 록키와 링에서 한 번 붙으라! 그러면 벼락부자가 될 것이다."

돈에 눈이 먼 토미 건은 록키를 찾아가 시비를 걸며 그를 자극합니다.

토미 : "나와라 록키. 당신과 한판 붙고 싶다."

록키 : "나쁜 사람들에게 현혹되지 말고 돌아가라."

록키는 이미 현역에서 은퇴를 했고 록키 아내도 완강히 반대합니다. 록키가 토미 건을 돌려보내려고 하자 토미 건은 록키의 아내를 조롱합니다.

"내 아내를 비웃지 말게."

록키는 거기까지도 참습니다. 그러나 토미 건은 록키의 아들까지 괴롭힙니다. 더 이상 참지 못한 록키는 토미 건과 길거리에서 주먹 싸움을 시작하게 됩니다.

어떻게 되었겠습니까?

"원수는 물에 새기고 은혜는 돌에 새기라."는 말이 있습니다. 토미 건은 은혜를 돌이 아닌 물에 새긴 인물입니다. 자기를 키워 준 코치의 은혜와 감사를 어느새 잊고 돈에 눈이 어두워 그에게 싸움을 거는 악인과 같은 사람입니다.

시편 기자는 하나님의 은혜를 잊지 않으려고 자신의 영혼에 명령합니다.

> "내 영혼아 여호와를 송축하며 그의 모든 은택을 잊지 말지어다!"(시 103:2)

> "우리가 감사함으로 그 앞에 나아가며 시를 지어 즐거이 그를 노래하자!"(시 95:2)

지금은 상황을 초월하여 하나님께서 주신 은혜를 헤아릴 때가 아닌가 생각합니다.

오클라호마 치카샤에 살던 할머니의 글을 읽으면 불이꺼진 운동장처럼 우리 마음이 어두워집니다.

> "나는 오클라호마가 싫다.
> 이 땅은 못된 사람들만 사는 땅, 나는 이곳이 싫다.
> 뱀이 갑자기 나타나 사람을 무는 땅, 나는 이곳이 싫다.

소망을 품은 사람의 미래를 도적질하는 땅,

나는 오클라호마가 싫다!"

감사가 없는 태도에 빛을 비추는 등과 빛은 하나님 말씀입니다.

"너희는 내가 사로잡혀 가게 한 그 성읍의 평안을 구하고 그를 위하여 여호와께 기도하라 이는 그 성읍이 평안함으로 너희도 평안할 것임이라"(렘 29:7)

세상의 주권자이신 하나님, 지금도 하나님 우편에서 나를 위해 중보하시는 예수님, 그리고 세상 끝 날까지 나를 고아처럼 내버려 두지 않으시고 중보하시는 성령님을 향하여 감사하십시오.

"너희 구할 것을 감사함으로!" by prayer and petition, ***with*** thanksgiving! 감사하는 마음을 코로나 19가 우리로부터 빼앗지 못하도록 하나님께서 지켜주실 것입니다. 예수님 안에서 평강과 기쁨이 넘치는 주말이 되기를 기원합니다.

#7

오늘의 미약한 일에 신실하면
나중에 창대한 일도 감당할 수 있습니다.

오늘의 떡을 물 위에 던지십시오.
여러 날 후에 도로 찾게 될 것입니다.
(전 11:1)

서신 #7

남성들은 어린 시절 딱지놀이나 구슬놀이를 한 기억이 있을 겁니다. 어린이들을 위한 놀이 시설이 전무했던 당시에는 그것이 친구들과 몰려다니며 에너지를 발산하고 웃을 수 있는 몇 안 되는 놀이 중 하나였습니다. 딱지와 구슬 자체에 가치가 있어서가 아니라 그 안에 듬뿍 담겨 있는 추억은 미소를 자아냅니다.

며칠 전 그런 일이 저에게 있었습니다. 책상 서랍에서 무언가를 찾다가 첫 목회지에서 썼던 글을 발견했습니다. 『순례자의 샘터』라는 교회회보에 실었던 글로, 초창기에 실린 글이었습니다. 지금 나오는 화려한 간행물들에 비교하면 초라하지만 어린 시절 구슬치기, 딱지치기 하며 놀던 추억처럼 되

살아난 값진 기억입니다. 당시 수록했던 글을 소개합니다.

제가 사는 랄리Raleigh에 한국인 이발사가 계셨습니다. 미국인 이발사와는 달리 어떻게 깎아달라고 말하지 않아도 알아서 깎아 주시는 분이었습니다. 제 머리가 가위를 망가뜨릴 정도로 뻣뻣한 철사 머리였지만, 깎기가 어렵다고 말하지도 않으시며 잘 깎아 주시는 이발사이셨습니다. 몇 달 전 갑자기 그 이발사 분께서 다른 주로 이사를 가시는 바람에 랄리 지역에 사는 한국 남자들은 마치 무더운 여름에 마실 물이 없어 갈증을 느끼듯 이발사의 증발로 장발족이 되어야 할지도 모르는 형편에 처했습니다.

무스를 발라도 소나무처럼 튀어나오는 뻣뻣하고 긴 머리를 어디서 깎아야 하나 전전긍긍하고 있던 차에 큰 딸아이가 머리를 깎기 위해 미장원에 간다고 했습니다. 미장원에서 머리를 깎은 적이 있기는 하지만 왠지 백화점 여자 속옷 파는 곳을 지나듯 얼마나 어색했는지 모릅니다. 그러나 머리를 깎기 위해 딸과 동행을 하니 훨씬 마음이 놓였습니다. 머리를 깎고 돈을 내려고 하자 딸이 자기가 아빠의 이발비를 내겠다고 했습니다. "아니다. 아빠도 이발비 낼 돈은 충분히 가지고 있다."고 했습니다. 딸은 "이발한 아빠가 젊어 보이는 것이 좋아서 그러니 자기가 내겠다."는 것이었습니다. 이발비를 내주는 딸에게 "고맙다."는 인사를 하고 미장원을 나왔습니다.

책방을 향해 가는 저는 "그래 내가 지금까지 너를 키우느라고 얼마나 많은 투자를 했는지 모른다. 너 때문에 걱정하고 염려하고 마음 졸였던 순간들을 생각하면 네가 아빠의 이발비 쯤 내는 것은 당연하다. 그럼 당연하고 말고!" 하는 그런 마음이 아니라 큰돈은 아니지만 이발비를 내 준 딸을 생각하니 풍선에 바람을 넣으면 아름답게 부풀 듯, 감사하고 대견함에 마음이 부풀어 오르기 시작했습니다.

순간 하나님을 생각하게 되었습니다. 하나님은 우리가 펄펄 끓는 뜨거운 기름 가마에 들어가 고통을 참아내는 순교자가 되어야만 기뻐하시는 분이 아닙니다. 멀고 먼 오지에 가서 먹지 못하고 입지 못해 이빨이 빠져 틀니를 하면서 선교를 해야 대견하게 생각하는 분이 아니라는 생각이 떠올랐습니다.

딸을 대견하게 여기는 아빠의 마음처럼 하나님은 지극히 작은 것을 드리고 베풀 때 기쁨을 이기지 못하는 분입니다. "내가 진실로 너희에게 이르노니 너희가 여기 내 형제 중에 지극히 작은 자 하나에게 한 것이 곧 내게 한 것이니라"(마 25:40)고 성경은 말씀합니다.

1920년 미국에 아서 베리Arthur Berry라는 유명한 도둑이 있었습니다. 도둑치고는 약간 이상한 특징이 있었는데, 그는 소문난 갑부들만을 전문으로 귀중품을 훔쳤던 것입니다. 경찰들은 그를 잡지 못해 무력하다고 손가락질 받는 궁지에 몰리고 있었습니다.

꼬리가 길면 잡힌다는 말처럼 아서 베리도 결국은 잡혔고, 감옥에 들어가게 되었습니다. 자기 인생 3분의 2나 되는 오랜 시간을 죄수로 있다가 출옥한 그는 새 사람이 되기로 결심하고 출옥 후, 뉴잉글랜드New England의 작은 마을에서 성실하고 정직한 모범 시민으로 살아갑니다. 그러나 발 없는 말이 천리를 간다는 말처럼 그의 과거가 마을 사람들에게 알려지게 됩니다. 소문을 들은 신문사 기자들은 왕년의 유명한 도둑에게 몰려와 질문을 던졌습니다. "당신은 갑부들만 털었던 도둑이었습니다. 당신이 가장 큰 것을 도적질했던 사람이 누구였는지 말해주십시오." 기자의 질문에 그는 조금도 주저하지 않고 이렇게 대답했습니다. "내가 가장 많고 크게 도적질한 사람은 바로 나 자신입니다! 나는 선생이나 사업가가 될 수 있었는데 다른 사람의 소유를 도적질해 내 인생 3분의 2를 감옥에서 보냈으니 내가 나 자신을 향해 도적질 한 것이 분명합니다."

때가 되면 언젠가 큰일을 하겠다고 하면서 눈앞의 작은 일을 미루는 사람은 자신에게 도적질하는 사람일 수 있다고 생각합니다. 만일 저의 큰 딸이 "아빠의 이발비는 액수가 적으니 앞으로 더 크고 좋은 것을 선물하겠다."고 했다면 그 날의 감동과 감사는 세상에 나오지 못했을 것이 분명합니다. 오늘의 미약한 일에 신실하면 나중에 창대한 일도 감당할 수 있습니다. 오늘의 떡을 물 위에 던지십시오. 여러 날 후에 도로 찾게 될 것입니다.(전 11:1).

4월 27일 월요일, 그렉 애보트Greg Abbott 주지사는 점진적으로 사업장을 재오픈하겠다고 발표했습니다. 좋은 소식이 아닐 수 없습니다. 한 달이 넘도록(약 43일) 자가 격리를 하면서 어떤 습관이 생활 속에 뿌리를 내렸는지 생각해 보십시오. 그동안 그리고 앞으로도 가야 할 길이 얼마나 되는지 모르지만 그 시간들이 하나님과 조금이라도 가까워졌다면 낭비되고 잃어버린 시간들이 아닙니다. 미래를 향한 씨를 심고 기다린 시간들이 될 것입니다.

코로나 19로 인해 자가 격리를 하면서 성도들께 몇번 가정 일기, 자녀들과 함께한 동영상들을 보내 달라고 부탁했는데 한 어머니가 딸의 모습이 담긴 영상을 보냈습니다. 제가 어린 시절 딱지치기와 구슬치기를 하며 놀던 때를 떠올리며 흐뭇해 했듯, 그 아이가 크면 엄마가 찍은 동영상을 보며 미소를 지을지 모릅니다. 완벽하고 전문적인 작품을 기다리면 기회를 놓칠지도 모릅니다. 이번 주간도 평범한 일상 속에서 하나님의 은혜를 찾으시기를 기원합니다.

임금이 대답하여 이르시되
내가 진실로 너희에게 이르노니
너희가 여기 내 형제 중에
지극히 작은 자 하나에게
한 것이 곧 내게 한 것이니라 하시고
(마 25:40)

#8

두려움으로 긴장하던 킹 목사는
“나는 꿈이 있습니다”를 연설했습니다.

마지막 순간 한 사람이 던진 한마디가
킹 목사에게 영감이 되었으며
그는 사자처럼
담대하게 연설을 할 수 있었습니다.

서신 #8

늦게까지 호텔에서 책상 위의 하얀 종이를 바라보는 34세의 젊은이가 있었습니다. 그의 얼굴에는 불안이 엿보입니다. 그가 머무는 호텔 아래층에 있는 변호사에게 전화를 걸어 자문을 구합니다. 변호사는 34세의 젊은이가 머무는 객실로 찾아와 내일 연설할 내용에 대해 의견을 나눕니다. 벌써 새벽 3시가 되었지만 젊은이가 구상하는 연설문은 아직 완성되지 않았습니다.

목회자인 저는 늘 설교 구상과 완성을 놓고 씨름합니다. 목사에게 가장 외롭고 괴로운 시간입니다. 오죽하면 개에게 물려서라도 교회에 가고 싶지 않은 때가 있는데, 그것은 바로 주일이 코앞에 다가왔는데도 설교가 완성되지 않았을 때입

니다. 저는 가끔 그런 말을 합니다. "목사가 설교 부담이 있는 상태라면 하와이에 있더라도 편히 쉴 수가 없다 … 그 반대로 만약 목사가 설교를 하지 않아도 된다면(성경적이지는 않지만) 지옥에서라도 쉴 수 있다." 그 정도로 설교는 제게 큰 부담입니다.

34세의 젊은이 역시 새벽 3시까지 연설문이 완성되지 않았을 때의 심정을 "뼈까지 피곤하고 지쳐서 쓰러질 지경이었다."라고 회고합니다. 때는 1963년 8월이었습니다. 34세의 젊은 목사는 다음 날, 워싱턴기념관 앞에서, 아니 25만 명의 군중 앞에서 연설을 할 예정이었습니다. 100만 명 이상이 텔레비전으로 그의 연설을 시청할 것입니다. 늦게까지 호텔에서

가운데 - 마할리아 잭슨 Mahalia Jackson

하얀 종이를 내려다보는 주인공이 누군지 아시겠습니까?

마틴 루터 킹 주니어 목사Martin Luther King, Jr.의 연설을 들으려고 참석했던 사람들을 소개해 볼까요? 흑인 민권운동가인 로자 파크스Rosa Parks, 야구선수인 재키 로빈슨Jackie Robinson, 배우인 말론 브란도Marlon Brando와 시드니 포이티어Sidney Poitier 그리고 가수인 해리 벨라폰테Harry Belafonte와 밥 딜런Bob Dylan 등의 모습이 보일 겁니다. 킹 목사에게 주어진 연설 시간은 5분이었습니다.

25만 명의 군중 앞에서 5분을 설교하기란 여간 어려운 과

제가 아닙니다! 프린스턴 대학 총장을 역임한 우드로 윌슨 Woodrow Wilson 대통령은 명석한 학자로도 알려진 사람입니다. 그는 "내가 10분을 연설해야 한다면 최소 2주가 필요하다. 그러나 내가 시간의 제약 없이 연설하게 된다면 당장이라도 말할 수 있다."라고 했습니다.

당시 마틴 루터 킹 목사는 연설이나 설교의 원고를 늦게까지 쓰지 않는 사람으로 알려져 있었습니다. 그러나 그의 연설 "나는 꿈이 있습니다" I have a dream는 밤 10시에 쓰기 시작했다고 합니다. 새벽 3시까지 원고가 완성되지 않아 "뼈까지 피곤하고 지쳐서 쓰러질 지경이었다."는 말이 납득이 갑니다. 그렇게 힘들여 완성한 연설문은 힘찬 날개를 달고 워싱턴 기념관에 모인 25만 명만이 아니라 57년이 지난 지금도 많은 사람들의 가슴에 꿈을 심어 주고 있습니다.

나중에 알려진 이야기이지만 마틴 루터 킹 목사가 실제로 연설한 당일 연설문 내용은 원래 준비했던 것과 상당 부분이 달랐다고 합니다. 말씀을 전하는 사람은 강단에 서기까지 말로 표현할 수 없는 긴장과 두려움에 사로잡히게 됩니다. 그런 증상은 킹 목사에게도 예외가 아니었다고 합니다. 그날 연설을 하려고 강단으로 나가려는 순간 복음성가 가수인 마할리아 잭슨Mahalia Jackson이 킹 목사에게 "저들에게 그 꿈을 이야기해 줘, 마틴!"이라고 소리쳤다고 합니다. 마할리아 잭슨은 킹 목사가 좋아하는 복음가수 중에 한 명이었습니다.

방금 전까지 두려움으로 긴장하던 킹 목사는 준비한 원고를 옆으로 밀어 두고 25만 명의 군중 앞에서 "나는 꿈이 있습니다" I have a Dream!를 연설했고 그의 변호사였던 클라렌스 존스Clarence B. Jones는 "그는 즉흥적으로 해냈습니다."라고 표현했습니다. 마지막 순간 한 사람이 던진 한마디가 킹 목사에게 영감이 되었으며 그는 사자처럼 담대하게 연설을 할 수 있었습니다.

코로나 19를 불시에 만나 낙심하고 있을 뉴송 가족들에게 말씀을 공급하는 교역자들이 얼마나 대견한지 모릅니다. 또한 교역자들을 위해 케이크를 굽고 음식을 공급하는 성도님들께도 감사를 전합니다. 언제인지는 아직 모르나 코로나 19가 사그라질 때까지 교역자 군단은 최선을 다해 예수님과 그분의 몸인 교회, 그리고 성도님들을 섬길 것입니다.

날개를 단 예수님의 대사명 꿈을 꾸시기 바라며…

#9

열정만으로는
분명히 한계가 있습니다.

확실한 지식을 습득한 이후에
자신감을 가지고 판매한 결과
실패에도 포기하지 않는 여성이라는
별명을 얻게 된 것입니다.

서신 #9

방글라데시는 여름에 찜통처럼 열기와 습기가 대단합니다. 뿐만 아니라 모기의 공격도 만만치 않습니다. 세계에서 인구 밀도가 가장 높은 나라 중 하나이기도 합니다. 여러 차례 방글라데시를 방문하여 국제선교회IMB의 브라이언 번Brian Bunn 선교사님과 사역했던 기억이 납니다. 함께 선교에 동참했던 집사님들과 다카종합대학교University of Dhaka를 방문하여 학생들에게 전도지를 나누며 복음을 전했던 기억은 지금도 어제 일처럼 생생합니다.

학교 근교에서 데이트를 하던 두 젊은 남녀 학생이 한 집사님의 전도로 예수님을 영접했던 그 모습은 더위와 습기, 시차로 피로한 몸을 소생케 하기에 충분한 청량음료 역할을 했습니다. 영접 기도하던 두 사람의 모습을 생각하면 절로 미소가 지어집니다. 눈을 감고 영접 기도하는 그 모습을 하나님께서 천사를 보내 사진 찍었고, 천국에 가면 그 장면을 보게 될 지도 모르겠습니다. 2018년 한 통계에 의하면 방글라데시에 회교도인은 89%, 힌두교 10.7%, 불교인 0.6% 그리고 그리스도인은 0.4%에 불과합니다.

회교도가 대세인 방글라데시의 수도 다카, 그리고 가장 좋은 대학으로 알려진 다카종합대학교에서 사자처럼 담대하게 복음을 전할 수 있었던 그 용기는 "성령이 임하면 권능을 받고"(행 1:8)라는 말씀처럼 성령님으로부터 기인한 것이 틀림없다고 봅니다.

"샥티도이Shokti Doi 요구르트"에 관한 글을 써서 여러분들께 소개한 적이 있습니다.

> "요구르트를 판매하는 과정은 고속도로를 달리듯 쉽지 않았습니다. 냉동고를 갖춘 상점을 찾기가 쉽지 않았기 때문입니다. 마을마다 다니며 샥티도이Shokti Doi 요구르트 보급할 여성 판매원을 모집했습니다. 그러나 결과는 실망 그 자체였습니다. 그 과정에서 600명의 여성들에게 샥티도이

Shokti Doi 요구르트 판매원이라는 일자리를 주는 결실을 얻었는데 방글라데시에서는 이 판매원을 샥티 레이디스Shokti Ladies라고 부릅니다."

샥티 레이디스shokti ladies가 요구르트 판매원을 하는데 있어 첫 번째 장애물은 남편들의 반대였습니다. 회교 문화는 아내가 집안에 있는 것이 사회적으로 보편적인 관습입니다. 요구르트를 팔기 위해 이집 저집 다른 마을로 돌아다니는 것을 남편들이 원하지 않는 것이 뛰어넘기 어려운 장애물로 작용했습니다.

사실 더 큰 장벽은 판매원으로 나선 여성 자신들이었습니다. 방글라데시 사람들은 서양식 요구르트에 대한 인식이 없었습니다. 뭐가 좋은지, 왜 먹어야 하는지를 몰랐습니다. 요구르트에 대한 무관심과 무지를 깨고 인식을 바꾸는 데 큰 장애는 판매원들에게 제품에 대한 지식이 없다는 것이었습니다.

회사 측은 고심 끝에 다논Danone 요구르트에 함유되어 있는 비타민 성분을 소개하는 작은 카드를 만들었습니다. 설명서에는 요구르트에 산모 뱃속의 아이를 건강하게 자라게 하는 비타민이 함유되어 있음을 밝혔습니다. 본인들이 판매하는 요구르트에 대한 확실하고 분명한 지식을 터득한 이들은 자신감으로 충만했습니다. 전에는 이들을 "샥티 레이디스"Shokti Ladies라 불렀지만 지식을 확실하게 터득한 후로 이들은 또 다른 이름을 얻게 되었는데 곧, "아파라지타스"Aparajitas입니다. "샥티도이"(Shokti Doi: 요구르트는 힘을 가져다 준다)를 배달하는 여성에서 "아파라지타스" 즉 실패에도 포기하지 않는 여성이라는 새로운 별명을 얻게 된 것입니다!

실패에도 포기하지 않는 여성인 아파라지타스라는 별명을 얻은 요구르트 판매원들을 통해 어떤 교훈을 얻을 수 있겠습니까?

열정과 지식이 함께하면 놀라운 결실을 거둘 수 있다는 교훈입니다. 배움에는 다음의 네 가지 영역이 있습니다.

- 지식
- 이해
- 기술
- 태도

방글라데시 여성들은 생활에 보탬이 되는 판매원 일에 뛰어들었습니다. 여성들은 집에 있어야 한다는 문화를 열정으로 극복한 것입니다. 요구르트를 팔기 위해 이 마을 저 마을을 다녔을 것입니다. 그러나 열정만으로는 분명한 한계가 있습니다. 요구르트에 대한 확실한 지식을 습득한 이후에 자신감을 가지고 판매한 결과, 실패에도 포기하지 않는 여성(Aparajitas: 실패에도 포기하지 않는 여성)이라는 별명을 얻게 된 것입니다.

방글라데시의 요구르트 판매원들은 요구르트에 대한 지식을 보고 들어서 알게 되었습니다. 반면에 요리, 운전, 수영, 운동과 같은 기술의 영역은 책으로 배우는 데는 한계가 있습니다. 직접 해 보아야 부족한 부분을 보완하며 기술을 배우게 되지 않습니까? 코로나 19 이후 유튜브 등을 통해 많은 지식과 정보를 접하는 줄 압니다. 그것으로 정보를 얻게 될 수는 있지만, 많이 본다고 해서 그 기술이 익혀지지는 않습니다. 지식과 기술이 다르기에 기술을 배울 때는 직접 해 보아야 배울 수 있습니다.

신학교에 다닐 때 설교학을 1년 간 두 학기를 수강했습니다. 다른 과목에 비해 좋은 성적표를 받았습니다. 그러나 막상 실제 목회에 적용하려니 머리로는 설교학 이론을 알고 외우는데 강단에 올라가면 횡설수설하는 저를 발견하게 되었습니다. 지식이 기술로 나타나지 않아 "내 설교하는 그 시간 … 그 때가 가장 괴롭다."라는 독백을 얼마나 많이 되뇌었는지 모릅니다. 강의실의 한계를 절감했습니다. 예수님께서 왜 제자들을 둘씩 전도 훈련을 보내셨겠습니까? 예수님의 지도 방식은 청중 가운데 제자들을 골라내고 그들과 시간을 보내신 것입니다. 때로는 힘에 겨운 과제를 해 보게 하심으로 제자들을 양성하셨습니다.

교회 사역을 위해 기도하고 고민하던 중 예수님의 지도 방법을 새롭게 발견하고, 코로나 19는 제자 재생산을 위한 절호의 기회임을 깨닫게 되었습니다. 7월부터 티칭 채널을 시작하기 위해 준비 중에 있는데, 티칭 채널의 특징은 적극적으로 팀사역을 하는 것입니다. 세 명이 팀을 이루어 내용, 현실적인 교훈, 적용, 이렇게 세 파트를 맡아 다른 성도님들에게 다가가려고 합니다. 처음에는 셋으로 시작하여 점점 많은 교우들이 참여한다면, 부담이 되겠지만 팀에 참여하는 분들은 제자화되는 열매를 보게 될 것입니다.

2주 전부터 평신도 사역자들께서 화요일과 금요일에 새벽

기도회를 인도합니다. 얼마나 말씀이 은혜가 되고 좋은지 모릅니다. 앞으로 티칭 채널을 통해 의도적인 적용까지 포함하게 된다면 코로나 19를 지나면서 더욱 말씀을 가까이 하는 기회가 되리라 확신합니다!

언젠가 코로나 19가 수그러졌을 때, 지금의 답답하고 어려운 시간들이 오히려 하나님께서 주신 놀라운 기회였음을 고백하며 감사할 날이 오리라 확신합니다!

> "내가 이를 때까지 읽는 것과 권하는 것과 가르치는 것에 전념하라 … 이 모든 일에 전심 전력하여 너의 성숙함을 모든 사람에게 나타나게 하라"(딤전 4:13, 15).

#10

지금 두드리고 있는 기회를
손을 뻗쳐 잡으십시오.

기회의 첫 인상은 초라하지만
그 안에 놀라운 하나님의 선물이
담겨 있습니다.
오늘 숨겨진 기회를
지금 바로 붙잡으시기 바랍니다!

서신 #10

셰익스피어의 작품 『줄리어스 시저』*Julius Caesar* 4막 3장에는 다음 내용이 나옵니다.

> 인생사에는 번영으로 이어지는 밀물의 시간이 존재하기도 하고, 괴로움 속에서 얕은 물을 항해하는 썰물의 시간도 존재한다.
>
> There is a tide in the affairs of men,
> Which, taken at the flood, leads on to fortune;
> Omitted, all the voyage of their life.
> Is bound in shallows and in miseries.

우리는 지금 바다 위에 떠 있다. 물이 들어오는 기회가 왔을 때 기회를 붙잡아야 한다. 아니면 항해를 멈춰야 할 것이다.

On such a full sea are we now afloat;
And we must take the current when it serves,
Or lose our ventures.

기회opportunity라는 단어는 라틴어 '*ob portu*'에서 기원하였습니다. 배가 항구에 들어오려면 지금처럼 입항하지 못하고 밀물flood tide 때를 기다려야 했습니다. 선장과 선원들은 밀물의 적절한 시기를 기다렸다가 기회를 붙잡아야만 입항할 수 있었습니다. 만일 때를 놓치게 되면 밀물의 때를 다시 기다려야만 했습니다.

"기회가 문을 두드린다."Opportunity knocks라는 말을 들어보셨을 겁니다. 기회가 세차게 두드리는 경우도 있지만 많은 경우 기회는 들릴락 말락 하는 작은 소리로 문을 두드립니다. 그것을 듣고 문을 여는 사람은 다음 단계로 갈 수 있습니다. 그러나 성경에는 문을 즉시 열지 않아 기회를 놓친 사람의 이야기가 있습니다.

"내가 내 사랑하는 자를 위하여 문을 열었으나

그는 벌써 물러갔네 …

내가 그를 찾아도 못 만났고 불러도 응답이 없었노라"

(아 5:6)

기회가 기회로 찾아오면 누구라도 기회를 놓치지 않겠지만 기회가 아닌 다른 모습으로 찾아오는 경우가 얼마나 많은지요! "Opportunity, come to pass - not to pause."(기회는 흘러갈 뿐, 결코 멈춰 서 있지 않는다)라는 말도 기회를 붙잡는 것이 얼마나 중요한 것인지 시사합니다.

세계적인 재앙으로 일컬어지는 코로나 19 가운데도 기회는 숨어 있다고 생각합니다. 기회를 붙잡은 사람과 그렇지 않은 사람은 코로나 19가 지난 후 차이가 나타날 것입니다.

속사람을 가꾸는 기회를 붙잡으십시오

성경은 속사람을 마음에 숨은 사람이라고 말합니다(벧전 3:3-4). 성경과 기도는 속사람을 단장하고 가꾸는 하나님의 방법입니다. 성경 읽기와 기도하는 생활을 지속적으로 하고 있다면 기회를 붙잡은 것입니다. 매우 잘하는 것입니다. 영혼이 독수리처럼 창공을 향해 비상하게 될 것입니다. 현재의 어려움을 부인할 수 없지만 속사람을 가꾸는 성경과 기도를 붙잡으시기 바랍니다.

통로됨의 기회를 붙잡으십시오

은혜를 받고 유지하는 열쇠는 내 삶의 지극히 작은 축복을 전하고 나누는 것입니다. 바울은 "하나님의 은혜를 헛되이 받지 말라"(고후 6:1)고 했습니다.

"헛되이"란 '목적이 부재하다' 또는 '결과가 없다'라는 의미입니다. 하나님께서 은혜와 복을 주시는 목적은 마음이라는 창고에 저장하고 담아두는 것이 아니라 통로가 되어 나누라는 것입니다. 스펀지에 고인 물을 짜내야 다시 신선한 물이 스며드는 것과 같은 원리입니다. 그렇기 때문에 통로의 기회를 붙잡아야 합니다.

지난 신앙생활의 형식에 묶이지 않고 지금 상황에 맞게 신앙생활을 시도하는 것이 기회를 붙잡는 것이라 봅니다.

- 화상을 통한 목장모임

- 온라인 훈련
- 주중 편한 시간, 예배당에서 기도하기 등

애굽의 바로는 하나님 앞에 돌아올 기회가 계속 문을 두드렸지만 스스로 문을 닫았던 대표적인 사람입니다.

"애굽의 바로 왕이 망하였도다 그가 기회를 놓쳤도다"

(렘 46:17)

하나님께 감사한 것은 요즘 같은 상황에도 교회에서 제공하는 배움과 훈련에 동참하는 성도들과 이웃을 돕는 기회를 붙잡고 있는 성도들이 많다는 점입니다. 지금 두드리고 있는 기회를 손을 뻗어 잡으십시오. 기회의 첫 인상은 초라하지만 그 안에 놀라운 하나님의 선물이 담겨 있습니다. 오늘 숨겨진 기회를 지금 붙잡으시기 바랍니다!

#11

하나님과 멀어진 사람들은
하나님의 말씀에 대한 무심과 반심이 있습니다.

무엇에서 구함과 도움을 받아야 할까요?
기도와 말씀 생활에서
멀어지게 하는 마귀의 덫에서
구해달라고
지금 기도하시기 바랍니다!

서신 #11

안토니 가토Anthony Gatto는 미국인으로 세계 신기록을 가지고 있는 곡예사입니다. 10살 때부터 라스베가스Las Vegas 쇼를 통해 인기를 모았으며 기네스북에 이름이 오르기도 했는데 그의 기술을 세 개만 소개하면 아래와 같습니다.

- 7개의 큰 링ring을 15분 5초 돌림
- 6개의 곤봉clubs을 7분 38초 돌림
- 8개의 공balls을 1분 13초 돌림

접시, 곤봉, 공 또는 볼링 핀을 안토니 가토만큼 돌리는 사람은 없습니다. 재미있는 사실은 그도 5개의 볼링 핀을 돌리면서 한 개를 더하면 집중력이 떨어져 1분도 돌리지 못하고 모든 핀을 떨어뜨린다는 것입니다.

안토니 가토를 통해 교훈을 배울 수 있습니다. 마음이 산만하고 분주하면 리듬이 깨져 중요한 것을 놓치게 된다는 것입니다. 1978년에 출판되어 지금까지 기독교 고전으로 읽혀지는 『영적훈련과 성장』*Celebration of Discipline*의 저자 리차드 포스터Richard Foster는 "분주한 것은 마귀가 주는 것이 아니라 마귀 자체다."라는 말을 했습니다. 마귀는 하나님과 멀어지도록 분주함이라는 덫을 슬쩍 놓습니다. 분주함은 산만함을 낳습니다. 산만함의 결과, 생활의 리듬이 깨져 화음 대신 잡음을 낳기도 합니다. 무엇이 마귀가 놓은 덫일까요?

1. 기도할 시간이 없는 분주함은 마귀의 덫입니다.

마귀는 온갖 수단과 방법을 동원하여 기도와 멀어지게 합니다. 기도는 하나님께 가까이 하는 열쇠입니다(우리 하나님 여호와께서 우리가 그에게 기도할 때마다 우리에게 가까이 하심과 같이 그 신이 가까이함을 얻은 큰 나라가 어디 있느냐 신 4:7). 하나님과 멀어진 사람은 무력한 그리스도인입니다.

아빠가 세 살 된 딸에게 예수님의 주기도문The Lord's Prayer을 한 문장씩 가르치며 외우게 했습니다. 외우기 위해서는 반복을 해야 합니다. 딸은 아빠와 엄마 앞에서 매일 잠자리에 들기 전 주기도문을 외웠습니다. 딸은 마태복음 6:13 "우리를 시험에 들게 하지 마옵시고 다만 악에서 구하시옵소서"(Lead us not into temptation – But deliver us from evil)를 혼자 외우겠다고 했습니다.

Lead us not into temptation
– But deliver us from e-mail.
우리를 시험에 들게 하지 마시고
다만 이메일에서 구해주세요.

아빠는 아침에 눈을 뜨면 가장 먼저 이메일을 체크하는 자신의 모습이 떠올라 딸의 주기도문 기도에 찔림을 받았다고 합니다. 꼭 기억해야 합니다. 기도할 시간이 없는 분주함, 산만함은 마귀의 덫입니다!

2. 말씀에 무심과 반심은 마귀의 덫입니다.

하나님과 멀어진 사람들의 공통점은 어김없이 하나님의 말씀에 대한 무심(無心-생각하는 마음이 없음)과 반심(半心-진정이 아닌 마음)을 가지고 있는 것입니다. 사울 왕이 그랬고 솔로몬 왕도 그랬습니다.

예루살렘 교회는 갑자기 믿는 사람들이 많아져 양적 부흥을 경험하게 됩니다(행 6장). 당시 많은 가난한 사람들이 교회로 몰려왔습니다. 사도들은 사람들의 필요를 채우려고 구제에 열중합니다. 구제를 제일로 두고 열중한 결과, 기도와 말씀이 우선순위에서 밀리기 시작했습니다. 사도들은 어느새 하나님과 멀어지고 있음을 느꼈을지 모릅니다.

"우리가 하나님의 말씀을 제쳐 놓고 접대를 일삼는 것이 마땅하지 아니하니!"(행 6:2). 하나님의 말씀을 제쳐 놓음은(또는 소홀히 한다. avoid association, but not in the sense of abandon) 마귀의 덫에 걸렸기 때문입니다.

Lead us not into temptation – But deliver us from ____________.

우리를 시험에 들게 하지 마시고 다만 ________ 에서 구해주세요.

무엇에서 구함과 도움을 받아야 할까요? 기도와 말씀 생활에서 멀어지게 하는 마귀의 덫에서 구해달라고 지금 기도하시기 바랍니다!

3. 전도의 열정이 식었으면 마귀의 덫에 걸린 것입니다.

히브리서 기자는 큰 구원을 등한히 여기지 말라고 했습니다(2:3). 구원의 감격이 식으면 하나님께서 가장 기뻐하시는 전도에 불성실한 사람이 되기 쉽습니다. 예수님께서 지신 십자가의 목적이 영혼을 구원하기 위함인데 전도에 대한 열정이 식는 근본적인 이유는 구원의 감격이 식었기 때문입니다.

전도를 가장 많이 하는 사람은 믿은 지 1년 6개월이 안된 사람이라고 합니다. 구원의 감격이 뜨겁기 때문입니다. 예수 믿고 5년쯤 지난 사람은 이미 믿는 사람들과 관계를 맺고 있지만 전도하는 사람은 그리 많지 않습니다.

뉴송교회에 예수 믿은 지 10년, 20년, 오랜 시간이 지났지만 영혼 구원에 열정을 가진 성도들이 많은 것은 사실 보기 드문 모습입니다. 매주일 전도 벨을 울리는 모습을 하나님께서 얼마나 기뻐하실까 생각해 봅니다. 그리고 기회를 만들어 결과에 연연하지 않고 복음을 전하는 여러분께 감사드립니다!

사도 요한은 마지막 때의 현상 중 하나로 적그리스도가 많아질 것을 언급했습니다(요한1서). "적"이란 "반대한다"against는 뜻이지만 "대신에"instead of라는 의미도 있습니다. 요한은 말세의 현상 중 하나로 예수님을 대적하는 사람들이 많아질 것을 경고합니다. 어떻게 예수님을 중심에 둘 수 있겠습니까?

- 기도의 무릎을 세우자.
- 가장 정신이 맑고 좋은 시간에 성경을 읽고 묵상하자.
- 구원해 주신 은혜를 생각하며 전도의 기회를 찾자.

위의 세 가지 처방을 매일 적용함으로 분주함과 산만이란 골리앗과 싸워 승리하시기 바랍니다.

우리가 감사함으로
그 앞에 나아가며
시를 지어
즐거이 그를 노래하자!
(시 95:2)

#12

다윗은 사울과 그의 군대에게
계속 쫓겨다니는 도망자였습니다.

다윗은 하나님을 온전히 의지하여
'개구리 속에 숨은 놀라운 기회'를 붙잡아
이스라엘을 통일하는 왕이 되었습니다.
그리고 예수님의 조상이 되었습니다.

서신 #12

초등학교에 다닐 때 개구리를 해부한 경험이 있으십니까?

개구리FROG는 목이 두껍고 피부가 미끄럽습니다. 매력이라고는 하나도 없으며 징그럽습니다.

어느 날 매우 아름다운 공주가 금으로 만든 공을 가지고 숲에서 놀고 있었습니다. 그만 실수로 공을 샘물에 떨어뜨렸습니다. 값진 금공을 샘물에 떨어뜨렸으니 얼마나 놀랐겠습니까? 마침 물에 있던 개구리가 공주에게 말을 했습니다.

"내가 공을 찾아주겠노라."고 합니다. 그러나 금으로 만든 공을 찾아주는 조건으로 공주가 사는 왕궁에서 공주와 지내기를 요구했습니다. 징그러운 개구리의 요구였지만 공을 찾고 싶은 마음에 결국 조건을 수락합니다. 그리고 후에 공주가 징그러운 개구리에게 입을 맞추는 순간 마법이 풀려 잘생긴 왕자의 모습으로 다시 돌아오고 두 사람은 마차를 타고 왕자가 살던 왕국을 향해 떠난다는 이야기가 있습니다.

징그럽고 못생긴 개구리 안에 상상을 초월한 축복이 숨어 있었음에도 끝내 공주가 기회를 외면하고 붙잡지 못했다면, 생각만 해도 아쉽지 않습니까? 개구리처럼 못생긴 상황이라도 항상 무한 가능성의 기회는 숨어있습니다. 저는 그것을 확신하며 절대적으로 믿습니다!

누가 요셉을 애굽의 종으로 팔았습니까? 표면적으로는 요셉을 시기하고 질투한 형들이 판 것처럼 보입니다. 그러나 하나님의 사람 요셉은 뭐라고 고백합니까?

> "나를 이리로 보낸 이는 당신들이 아니요 하나님이시라 하나님이 나를 … 온 집의 주로 삼으시며 애굽 온 땅의 통치자로 삼으셨나이다" (창 45:8)

원치않는 어려움, 질병, 사고, 계속 꼬이고 꼬이는 상황을 어떻게 보아야 하겠습니까?

"우리가 알거니와 하나님을 사랑하는 자 곧 그의 뜻대로 부르심을 입은 자들에게는 모든 것이 합력하여 선을 이루느니라" (롬 8:28)

신앙이란 하나님을 내가 이해하거나 수긍하지 못하는 상황이라도 그분이 작품을 만들어 가시는 과정에 있음을 믿는 것입니다. 못생긴 개구리FROG 속에 숨긴 하나님 약속을 붙잡아야 합니다.

Fully

Rely

On

God!

하나님을 온전히 의지하라!

다윗은 사울과 그의 군대에게 계속 쫓겨 다니는 도망자였습니다. 대낮에도 캄캄한 흑암을 지나는 심정이었을 것입니다. 그러나 하나님을 온전히 의지하여 '개구리 속에 숨은 놀라운 기회'를 붙잡아 이스라엘을 통일하는 왕이 되었습니다.

그리고 예수님의 조상이 되었습니다. “하나님만 온전히 의지하리라!” 선포하며 높은 담을 뛰어넘으시기 바랍니다!

> “주께서 나의 등불을 켜심이여 여호와 내 하나님이 내 흑암을 밝히시리이다 내가 주를 의뢰하고 적군을 향해 달리며 내 하나님을 의지하고 담을 뛰어넘나이다”
>
> (시 18:28-29)

주께서
나의 등불을 켜심이여
여호와 내 하나님이
내 흑암을 밝히시리이다
내가 주를 의뢰하고
적군을 향해 달리며
내 하나님을 의지하고
담을 뛰어넘나이다
(시 18:28-29)

#13

성경의 하나님은
지금도 살아 계십니다.

하나님은 믿는 사람들의 삶에
구체적으로 개입하고 계십니다.
낙심, 억울함, 충격과 아픔 속에
하나님의 축복의 씨앗이
숨어 있음을 믿으시기 바랍니다.

서신 #13

지금으로부터 86년 전, 오래전에 있었던 일이지만 지금도 여전히 필요한 이야기 하나를 소개할까 합니다. 그의 이름은 토마스 카벨Thomas Carvel입니다. 그는 방랑자처럼 여기저기 그리고 이곳저곳을 다니며 사업을 하는 사람이었습니다. 지금도 예외는 아니지만 사업을 우뚝 일으켜 세우는 것은 여간 어려운 일이 아닙니다. 그는 마지막 사업이라 생각하고 포드 모델 A(Ford Model A)에 트레일러를 달고 이동 중이었습니다.

목적지는 뉴욕 화이트 플

레인즈White Plains 공원이였고, 공원에 피크닉 나온 사람들에게 아이스크림을 팔려는 생각을 하고 있었습니다. 그러나 살면서 전혀 예상하지 못한 일들이 얼마나 많이 일어나는지 모릅니다. 사람들로 붐비는 공원에 도착하기도 전에 자동차 바퀴 중 하나가 터지고 말았습니다. 불행히도 그에게는 여분의 타이어가 없었습니다. 토마스 카벨이 팔려고 했던 아이스크림도 녹아내리기 시작했습니다. 마지막 사업이라 생각한 아이스크림이 다 녹아 없어질 생각을 하니 큰 낙심이 되었을 것은 당연합니다.

마침 도자기 사업을 하는 어떤 사람이 지나는 길에 토마스를 보고 다가와 도움이 필요하냐고 물었습니다. 그리고 그는 본인 자동차의 전기와 연결하여 일단 아이스크림이 녹는 것을 막아보자고 했습니다. 토마스는 겨우 겨우 펑크난 자동차 바퀴를 수리한 후에 사람들이 붐비는 공원으로 달려갔습니다.

그런데 놀라운 일이 벌어졌습니다. 공원에 나온 사람들은 의외로 소프트 아이스크림을 좋아했습니다. 딱딱한 아이스크림과 달리 부드러워서 먹기가 좋다며 삽시간에 모든 아이스크림이 팔리고 말았습니다! 아이디어를 얻은 토마스는 부드러운 아이스크림을 개발했고 마지막 사업이라 생각했던 부드러운 아이스크림 비즈니스는 놀랍게도 번창하게 되어 865개의 가게에 납품을 하게 되었습니다.

86년 전 오래된 이야기지만 여기에는 살아 있는 교훈이 있습니다. 즉 "오늘 최악의 날 속에 전혀 예상하지 못한 축복이 숨어 있다"는 것입니다.

성경에 최초로 나오는 "사랑"이라는 단어는 창세기 22장에 나옵니다. 아브라함은 독자 이삭을 그토록 사랑했습니다.

"내가 네게 일러 준 한 산 거기서 그를 번제로 드리라"

(창 22:2b)

아브라함의 충격과 놀람을 상상해 보시기 바랍니다. 그러나 아브라함은 순종한 결과 그의 후손이 하늘의 별, 바다의 모래처럼 크게 번성할 것이라는 하나님의 약속을 받았습니다.

성경의 하나님은 지금도 살아 계십니다. 뿐만 아니라 믿는 사람들의 삶에 구체적으로 개입하고 계십니다. 지금의 코로나 19, 낙심, 억울함, 충격과 아픔 속에 하나님의 축복의 씨앗이 숨어 있음을 믿으시기 바랍니다. 어떤 상황 속에서도 하나님의 마음으로 하나님의 방법을 선택하면 하나님께서 도와주시며 인도해 주십니다!

> "근심하는 자 같으나 항상 기뻐하고 가난한 자 같으나 많은 사람을 부요하게 하고 아무 것도 없는 자 같으나 모든 것을 가진 자로다"(고후 6:10)

"구원은 여호와께 있사오니
주의 복을
주의 백성에게 내리소서"
(시 3:8)

#14

사람이 죽지 않는 유일한 길은
예수님을 믿는 것입니다.

예수님 말고는
영원히 살 수 있는 길을 주시지 않았습니다!
그래서 예수님의 대사명이 중요하며
그리스도인은 적극적으로
선교를 해야 합니다.

서신 #14

역사는 거울 역할을 합니다. 역사를 잘 관찰하고 들여다보면 어떤 사람이 선한 흔적을 남겼는지를 발견하게 됩니다. 미국에서 존경받는 역대 대통령으로 아브라함 링컨 Abraham Lincoln, 프랭클린 D. 루즈벨트Franklin D. Roosevelt, 그리고 조지 워싱턴George Washington 이렇게 3명을 꼽습니다. 그중에서도 가장 존경받는 대통령은 아브라함 링컨입니다.

아브라함 링컨은 역사상 가장 존경받는 대통령임에도 불구하고 그의 재임 시절에는 성경의 요셉처럼 적이 끊이지 않았습니다. "동물원에 갔더니 링컨의 사촌이 살고 있더라."는 모욕적인 말을 듣기도 했습니다. 수염을 기른 그의 모습이 고릴라와 비슷하다는 것을 암시하는 말이었습니다. 그런데도 링컨은 다음과 같이 반응했습니다.

> "나의 임기 동안에 내 임무를 수행하며 살 것이며 내가 이 임기를 끝냈을 때 비록 내 친구들을 모두 잃었더라도 내 안에는 여전히 한 명이 있을 것입니다."
>
> "I will so live during my term of office that when I leave office, even if I have lost every other friend, I will still have the one within me."

모든 친구가 떠나도 링컨 내면에 남아 있기를 소원하는 그 한 가지는 '캐릭터'character 즉 성품입니다. 대통령 자리에서 내려오고 주위 친구들이 다 떠나도 하나님을 의식하며 가꾼 내면의 성품이 남아 있을 것이라는 분명한 삶의 철학이 그로 하여금 존경받는 대통령이 되게 한 것입니다. 수많은 세월이 흐르고 모래처럼 많은 사람들이 역사의 무대에서 사라졌지만 링컨은 여전히 따르고 싶은 사람으로 자리매김하고 있습니다.

예수님을 따르는 신앙인을 신앙인답게 하는 것은 무엇이겠습니까? 추상적으로 생각하기 쉬운 질문이기에 추상적인 인생을 살기가 쉽습니다. 예수님을 따르는 신앙인이란 예수님의 말씀, 특별히 대사명에 무게를 두고 사는 사람입니다. 성경에 기록된 천국과 지옥을 믿는다면 예수님의 대사명에 무게를 두지 않을 수 없습니다.

미국의 애리조나주 스콧데일에 알코어생명연장협회Alcor Life Extension Institute라는 연구소가 있습니다. 이 연구소는 48년 전, 즉 1972년에 설립되었습니다. 연구소 안에 들어가면 큰 튜브 같은 것이 보입니다. 자세히 보면 깜짝 놀랄 수도 있습니다. 왜냐하면 튜브 안에 사람이 들어가 있는 것이 보이기 때문입니다. 액체 질소를 사용하여 상상을 초월할 정도로 낮은 온도(영하 320도)로 유지되는 냉동 튜브 안에는 181명의 사람이 있습니다. 이들은 앞으로 의료 과학이 발전하게 되면 다시 살아날 것을 기대하는 사람들입니다. 냉동 보존을 위해 한 사람이 지불하는 비용은 20만불(약 2억원)입니다. 기자가 토마스 도날드슨Thomas Donaldson이라는 사람에게 “왜 그처럼 많은 돈을 들여 액체 질소 튜브 안에 들어가려고 하느냐?”고 묻자, “구체적으로 설명하기는 어렵지만 더 살고 싶기 때문입니다. 나는 죽고 싶지 않습니다.”라고 대답했습니다.

죽고 싶지 않기 때문에 죽음을 막을 수 있다면 얼마나 좋겠

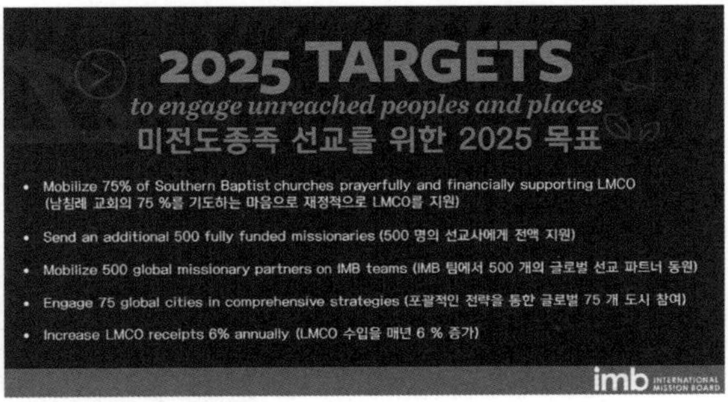

습니까? 사람이 죽지 않는 유일한 길은 예수님을 믿는 것입니다. 어떤 인간에게도 예수님 말고는 영원히 살 수 있는 길을 주시지 않았습니다! 그래서 예수님의 대사명이 중요하며 그리스도인은 적극적으로 선교를 해야 합니다.

화요일 오후에 IMB(International Mission Board, 국제선교부) 총재가 주관하는 선교 전략 모임이 있었습니다. 앞으로 2025까지 IMB의 장기 목표는 아래와 같습니다. 화상 컨퍼런스 콜에 참여한 두 교역자의 소감을 소개합니다.

"175년의 선교 노하우가 축적된 IMB가 선교를 배우기 위해 타문화권 교회와 협력하는 **개방성**(Openness)에서 예수님의 대사명을 위한 겸손을 배웠습니다." (A 교역자)

"뉴송교회의 선교 방향이 '퍼주는 사역'이 아닌 현지인들을 잘 훈련하여 현지인들이 직접 본인들의 나라와 지역을 감당하고, 주위 나라까지 복음화를 감당하게 하자는 재생산의 원칙이 IMB(국제선교부)의 방향과 동일함을 보며, 뉴송교회의 선교 방향에 대해 안심과 확신이 생겼습니다." (B 교역자)

화요일 저녁에도 IMB가 주최한 GO2AFRICA 화상 모임이 있었습니다. 전체 44명 참석자 중 뉴송교회 참석자는 15명이었습니다.

참석자 몇 분의 소감을 소개합니다.

"이전 세대와 다른 젊은 세대를 선교에 참여시키기 위해 오랜 기간 동안 현지 선교사들을 통해 다양한 역할로 조직된 선교 비전 고리가 이어지고 있음을 봅니다. 길을 만들기 위해 하나님의 도우심을 구한 선교의 열정이 있는 분들의 기도와 참여가 요구되는 듯합니다. 감사합니다!" (U 성도)

"저는 향후 5년간 55개 미전도종족 선교계획과, 8백 8십만 난민이 아프리카 사하라 인근에 있다는 것을 알게 되었습니다." (J 성도)

"직접 가본 보츠와나와 우간다에서의 사역 소식에 친근감이 느껴졌습니다. 삶을 헌신하면서 주님 나라를 위해 사시는 선교사님들 모습에 고개가 숙여집니다. IMB와의 협력과 지속적인 교류를 통해서 코로나 19 가운데서도 선교할 수 있는 지혜를 간구해 봅니다."(K 성도)

"오늘 Go2Africa 온라인 모임에 참여해서 지금껏 알지 못한 정보들을 많이 들을 수 있어서 좋았습니다. 많은 곳에서 하나님 말씀을 갈망하고 있는 것을 알 수 있었습니다. 감사합니다." (J 성도)

예수님의 대사명을 "나에게 주신" 사명으로 인식하고 선교

에 관심을 갖는 뉴송 가족들이 얼마나 감사한지 모릅니다. 화상 모임을 하면서 제 귀에 반복해서 들려온 내용은, 희생을 요구하는 일이지만 가치 있는 것이다."라는 말이었습니다. 모임 중에 "집요하고 끈질긴"tenacious이라는 단어도 자주 사용되었습니다. 일회성으로가 아니라 끈질기게 반복하면 결국 성령께서 사람들의 마음을 열고 복음의 역사가 나타날 것이라고 강조했습니다.

IMB 총재와 임원들의 모임 주제는 "세계화"Globalization였는데 교회를 섬기는 담임목사는 관을 열어 죽은 자를 살리는 역할을 할 수도 있고, 관을 못으로 꽝꽝 박아 사람이 못 나오게 할 수도 있다는 말을 했습니다. 선교하지 않는 교회, 그리고 선교하지 않는 목회자(직분자)와 그리스도인은 관 안에 갇힌 시신과 같다는 말을 하면서 "Mission field"(받는 것에 익숙한 선교지)가 되지 말고 "Missionary"(선교사)가 되라는 말에 공감이 되었습니다.

선교를 하려면 매우 계획적인 단계가 필요하다고 합니다. 죽은 영혼을 살리기 위해 내가 가야 할 의도적인 다음 단계는 무엇일까요? 기도하는 중에 성령님의 음성을 듣게 되시기를 바랍니다.

바울은 복음을 위해 자신의 생명조차 아끼지 않던 사람이었습니다. 그는 분명한 하나님의 나라를 믿었습니다.

"만일 그리스도 안에서 우리가 바라는 것이 다만 이 세상의 삶뿐이면 모든 사람 가운데 우리가 더욱 불쌍한 자이리라"(고전 15:19)

개구리가 움츠리는 이유는 더 많이 뛰기 위함입니다. 선교모임에 참여하는 성도들을 보면서 코로나 19로 움츠렸던 뉴송교회의 선교가 더욱 역동적으로 전개되고 확산될 조짐을 보았습니다.

"하나님, 뉴송교회가 선교를 위해 희생하게 하옵소서. 왕중의 왕 되시는 예수님을 위한 대사명 순종이 얼마나 값지며 영원한가를 확신하게 하소서!"

"만일 그리스도 안에서
우리가 바라는 것이
다만 이 세상의 삶뿐이면
모든 사람 가운데
우리가 더욱 불쌍한 자이리라"
(고전 15:19)

#15

매일 예수님에 의해
망가집니다.

그러나 매일 새롭게 빚어지는
진흙의 삶이 행복하다고 합니다.
영웅이 되기 위하여
큰 일을 고집할 필요는 없습니다.
하나님은 냉수 한 그릇 건네주는 것을
보고 계시기 때문입니다.

서신 #15

오늘날, 유명한 사람은 많은 데 비해, 본받고 싶은 영웅은 찾아보기 힘들다고 합니다. 21세기 마더 테레사로 불리는 케이티 데이비스 메저스Katie Davis Majors를 소개합니다.

케이티는 테네시주의 부유한 가정에서 태어나고 자랐습니다. 학교에서는 늘 1등을 했고 고등학교 학생회장이기도 했습니다. 미인 콘테스트에서 1등을 차지할 만큼 미모도 갖추었습니다. 경제적으로 여유 있는 부모의 도움으로 노란색 스포츠카를 몰고 다녔습니다.

고등학교 3학년 때 해외 자원봉사를 신청했고 3주간 봉사를 위해 우간다로 떠났습니다.

우간다는 "아프리카의 진주"로 알려진 아름다운 나라입

니다. 케이티는 가난하고 물은 마시기 어려울 만큼 오염되었으며 전기도 없는 곳으로 가게 되었습니다. 문화적으로는 매우 낙후된 곳이었지만 사람들은 순수했습니다. 특별히 어린 아이들의 깨끗한 눈을 보면서 자신을 돌아보게 되었고 우간다 사람들과 깊은 사랑에 빠지고 말았습니다. 다시 미국으로 돌아왔지만, 이번에는 일 년간 머물 계획으로 우간다로 갔습니다.

케이티는 말합니다.

> "일 년만 우간다에 있다가 돌아오려고 했는데 예수님 때문에 망가졌다."

예수님의 손에서 망가지는 것은 매우 좋은 현상입니다. 토기장이의 손은 더 좋은 작품을 만들기 위해 진흙을 망가트리기 때문입니다. 케이티는 자신을 아이들이 즐겨 읽는 동화책 『헝겊 토끼』The Velveteen Rabbit와 비슷하다고 묘사합니다. 그 내용은 다음과 같습니다.

한 소년이 크리스마스 선물로 헝겊 토끼 인형을 선물로 받습니다. 소년은 한동안 인형과 놀다가 다른 새 선물을 받고

토끼 인형은 거들떠보지도 않습니다. 토끼는 자신을 버림받은 존재로 여기며 깊은 실의에 빠지게 됩니다. 낙심한 토끼에게 가죽 말 인형이 놀라운 말을 합니다.

"만일 어떤 아이가 단순히 놀기 위한 목적이 아닌
진정으로 너를 사랑해 주면 너는 진짜 토끼가 될 것이다!"

아래에 전체 내용을 소개합니다.

The Velveteen Rabbit

한 소년은 크리스마스 선물로 헝겊 토끼 인형을 선물로 받게 되고 한참을 함께 놀았습니다. 하지만 새 선물에 헝겊 토끼 인형은 잊혀진 채 아이 방 한쪽 구석에서 지내게 됩니다. 아이 방에 있는 다른 멋진 장난감들에 비해 자신은 아주 보잘것없고 평범하다고 여기게 됩니다.
하지만 지혜로운 가죽 말은 헝겊 토끼에게 상냥하게 대해 주며 '진짜가 뭐예요?'하고 물어보는 벨벳 토끼에게 장난감 방의 비밀 이야기를 해줍니다.

“어떤 아이가 너를 오래 오래 사랑해 준다면, 그것도 그냥 가지고 놀기 위해서가 아니라 진심으로 사랑해 준다면 넌 진짜가 되는 거야.”

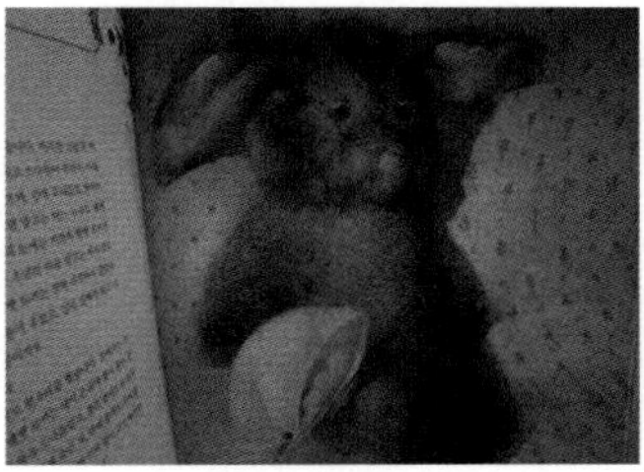

현명하고 지혜로운 가죽 말의 이야기에 헝겊 토끼 인형은 희망을 품게 됩니다.

어느 날 저녁, 늘 안고 자던 강아지 인형을 어디에서도 찾을 수 없자 유모는 헝겊 토끼 인형을 소년의 품에 안겨주었습니다. 그날 밤 이후 헝겊 토끼 인형은 소년의 사랑을 받으면서 하루하루 행복한 나날을 보냅니다. 그러던 어느 날 성홍열에 걸린 소년의 곁에 더 함께할 수 없게 됩니다. 의사가 헝겊 토끼 인형이 성홍열 세균 덩어리라며 다른 장난감과 함께 불태워야 한다고 말했으니까요.

태워지기를 기다리면서 지난날 추억에 눈물을 흘린 헝겊 토끼 인형 앞에 장난감 방의 마법을 담당하는 요정이 나타나 마법의 입맞춤을 해줍니다. 따사로운 햇살 가득한 숲을 거닐던 소년은 진짜가 된 헝겊 토끼를 보게 됩니다. 톱밥으로 채워진 초라한 헝겊 토끼 인형이 소년의 사랑을 받으며 진짜 토끼로 변합니다.

『헝겊 토끼』 동화는 1922년에 쓰인 이야기이지만 100년 가까이 꾸준한 사랑을 받는 이유는, 사람은 누구나 진짜가 되고 싶은 열망이 있기 때문인지 모릅니다.

케이티는 자신이 헝겊 토끼 인형과 비슷했다고 합니다. 인정을 받으려고 공부했고 얼굴을 꾸몄으며 명품 옷, 스포츠카를 타고 다녔다고 합니다. 막상 우간다에 가보니 대부분 여성은 화장을 하지 않았습니다. 학위를 내세우거나 자랑거리도 없었습니다. 그녀는 가난하고 배우지 못한 사람들과 있으면서 허울뿐인 가면을 벗고 진짜 케이티를 발견하게 되었고 토기장이 예수님의 손으로 새롭게 빚음을 받았다고 고백합니다.

케이티는 우간다처럼 못사는 나라에서 자신이 가진 지극히 작은 것을 나누는 것은 마치 그들에게는 "안약 병으로 바닷물을 다 퍼내는 것" 처럼 표시도 나지 않는 일로 여겨진다고 말합니다.

그녀는 결론을 내렸습니다. "나는 세상을 변화시킬 수 없다. 세상을 변화시키는 것은 예수님이 하실 일이다. 나는 예수님의 이름으로 내가 가진 것으로 작은 역할을 감당할 뿐이다." 하나님을 기쁘시게 하는 것은 어려운 일이 아닙니다.

"또 여호와를 기뻐하라 그가 네 마음의 소원을 네게 이루어 주시리로다" (시 37:4)

지금은 결혼하여 엄마가 되었지만, 독신 처녀로 많은 고아를 입양하여 키우고 교육하는 일은 절대 쉽지가 않았습니다. 어떤 날은 극심하게 고통스러워 주저앉아 울고 싶을 때도 많았습니다. 그러나 시시때때로 주시는 하나님 은혜로 감당할 수 있었다고 합니다.

케이티는 매일 예수님에 의해 망가진다고 합니다. 그러나 매일 새롭게 빚어지는 진흙의 삶이 행복하다고 합니다. 영웅이 되기 위하여 큰일을 고집할 필요는 없습니다. 하나님은 냉수 한 그릇 건네주는 것을 보고 계시기 때문입니다.

"누구든지 제자의 이름으로 이 작은 자 중 하나에게
냉수 한 그릇이라도 주는 자는

결코 상을 잃지 아니하리라"(마 10:42)

냉수 한 그릇은 누구나 건네줄 수 있습니다. 지역사회의 사역지를 운전하며 걸으며 기도하는 Prayer drive와 Prayer walk에 참여해 주셔서 감사드립니다. 예수님의 이름으로 선한 일을 시작한 뉴송 가족 여러분이 자랑스럽습니다. 심령과 지역의 변화는 전능하신 하나님께서 하실 것입니다!

#16

세월은 어떤 권력자라도
막을 수 없습니다.

그러므로 세월 속에
숨어 있는 기회를 붙잡아
하나님께서 기뻐하시는
삶을 사는 사람이
지혜로운 사람입니다.

서신 #16

어느덧 2020년 달력이 한 장 남았습니다. 모세는 세월이 날개를 단 것처럼 빠르게 지난다고 했는데 그 말이 와닿습니다.

> "우리의 연수가 칠십이요 강건하면 팔십이라도
> 그 연수의 자랑은 수고와 슬픔뿐이요
> 신속히 가니 우리가 날아가나이다."(시 90:10)

제가 자주 읽는 보이스Voice 번역은 다음과 같이 세월을 묘사합니다.

We may journey through life for 70 years; some may live

and breathe 80 years—if we are strong. Yet our time here is only toil and trouble; soon our days are gone, and **we fly away.**

세월은 어떤 권력자라도 막을 수 없습니다. 그러므로 세월 속에 숨어 있는 기회를 붙잡아 하나님께서 기뻐하시는 삶을 사는 사람이 지혜로운 사람입니다(엡 5:15-16).

정치인들도 그들에게 주어진 임기와 재임의 기회를 붙잡으려는 모습을 보입니다.

● "미국을 다시 위대하게 만들자"

"Make America Great Again"

- 도널드 트럼프(Donald J. Trump)

● "당신은 4년 전보다 더 살고 있는가?"

"Are you better off than you were four years ago?"

- 로널드 레이건(Ronald Reagan)

● "내가 당선되면 여러분은 농장을 소유할 수 있습니다."

"Vote Yourself a Farm"

바로 위의 슬로건은 누가 한 말입니까?

1860년 서부는 아직 개척되지 않은 위험한 지역이었습니다. 아브라함 링컨Abraham Lincoln은 본인이 대통령으로 당선되면 서부로 향하는 개척자에게 "무료 농장"을 주겠다고 공약했습니다.

"변화를 위한 지도자"A Leader for a Change!는 지미 카터James Earl Carter Jr. 대통령 후보의 구호였습니다.

예수님이 세상에 오셨을 때의 슬로건을 찾는다면 무엇일까요? 요한복음에서 예수님께서 오신 목적을 찾는다면 10장 10절일 것입니다.

> 도둑이 오는 것은 도둑질하고 죽이고 멸망시키려는 것뿐이요 내가 온 것은 양으로 생명을 얻게 하고 더 풍성히 얻게 하려는 것이라.(요 10:10)

다음 이야기는 누가 한 말인지 추측해 보십시오.

> "나에게 영향을 끼친 3명의 여성이 있습니다. 어머니, 외할머니, 그리고 아내입니다. 그분들의 영향으로 오늘의 내

가 있다 해도 틀린 말이 아닙니다. 그러나 또 한 분이 있습니다. 그분은 학교의 도서관에서 일하던 선생님입니다. 나는 지금까지 이분에 대해 글을 쓴 적이 한 번도 없습니다. 그러나 그분은 나에게 어머니, 외할머니, 아내 버금가는 영향을 끼치신 분입니다. 그분의 이름은 미세스 카피에어 Blanche Caffiere입니다. 100세에 가까운 나이로 2006년에 세상을 떠났습니다.

선생님의 임종을 앞두고, 그분이 얼만큼 내 생애에 중요한 사람이었는지, 감사할 기회가 있어서 얼마나 다행이었는지 모릅니다.

내가 처음 미세스 카피에어를 만난 것은 시애틀 뷰 릿지

초등학교Seattle View Ridge Elementary에 다닐 때였습니다. 나는 소심한 4학년이었습니다. 내성적이라 앞에 나서는 것을 매우 두려워했습니다. 특히 나의 글씨는 얼마나 악필이었는지 모릅니다. 전문용어를 빌리면 '난서증'Dysgraphia이였습니다.

나의 책상은 늘 지저분했습니다. 그러나 책 읽기를 좋아했습니다. 선생님은 학교와 멀어질 수 있었던 나에게 배움의 열정이 일어나게끔 불쏘시개 역할을 해주셨습니다. 미세스 카피에어는 자신감 없는 나를 늘 다독이며 격려해 주었습니다. 도서관 선반으로 데려가 "어떤 책을 읽고 싶으냐?" 고 물으셨고 책을 추천해 주셨습니다. 선생님은 위대한 인물에 관한 전기를 많이 읽도록 권했습니다. 읽은 책 내용에 관해 토론을 제안하기도 했습니다. 그리고 늘 내가 하는 말을 경청해 주셨습니다. 고등학교와 대학에 입학한 후에도 미세스 카피에어에게 연락해서 책 추천을 의뢰하기도 했습니다.

미세스 카피에어는 학생에게 선생님이 얼마나 중요한가를

일깨워 주신 분입니다.

내가 설립한 재단에서 가난한 나라 학생의 교육을 후원하고 질병을 없애려는 시도의 출발점은 9살 때 영향을 주셨던 미세스 카피에어에게 있다고 해도 과언이 아닙니다.

선생님의 영향력은 정말로 위대하고 놀랍습니다."

위의 학생은 십 대에 운전면허증 없이 운전하다가 사고를 내기도 하고 고집이 황소처럼 세서 아버지와 빈번하게 다투기도 했습니다. 누구일까요?

억만장자 빌 게이츠입니다. 모두가 억만장자가 될 수는 없지만, 기회를 붙잡아 영원한 생명을 주시는 예수님을 전할 수 있습니다. 쉽지 않았던 2020년 가정에서, 사회에서, 그리고 교회에서 하나님께서 주신 소임을 감당한 여러분들에게 감사드립니다. 특별히 교육부 교사님들과 목자, 목녀들에게 감사합니다. 여러분의 수고와 헌신은 절대로 헛되지 않습니다!

12월과 2021년은 자녀를 위해 매일 축복기도 하는 가정이 되기를 소원합니다. 세상이라고 하는 바다의 파도는 높고 물결은 거셉니다. 하나님의 동행이라는 구명조끼가 없이는 표류하는 인생이 될 것입니다. 모세의 부모는 굶주린 악어 떼가

사는 나일강에 사랑하는 아들을 보내야만 하는 난관을 만납니다. 그들은 어떻게 아들을 나일강으로 보냈습니까?

"그를 위하여 갈대 상자를 가져다가 역청과 나무 진을 칠하고..."(출 2:3)

자녀들이 악과 죄가 범람한 세상이라는 바다에 가라앉지 않게 하려면, 말씀이라는 '역청'과 기도라는 '진'을 칠해야 합니다!

연말과 2021년 새해를 맞아 교회는 지난 2천 년 동안 가정과 교회를 지켜온 성경과 기도의 무기로 재무장하겠습니다. 좋은 무기라도 사용하지 않는다면 무용지물이 될 것입니다. 말씀과 기도 운동이 가정을 살리고 부부관계를 회복하며 자녀를 요.에.다.이.마(요셉, 에스더, 다니엘, 이삭, 마리아)로 세상에 파송하는 꿈을 꾸며 환상을 봅니다.

때마다 일마다 도우시는 예수님의 평강을 기원합니다.

"그에게 축복하여 이르되 내 아들의 향취는 여호와께서 복 주신 밭의 향취로다 하나님은 하늘의 이슬과 땅의 기름짐

이며 풍성한 곡식과 포도주를 네게 주시기를 원하노라 만민이 너를 섬기고 열국이 네게 굴복하리니 네가 형제들의 주가 되고 네 어머니의 아들들이 네게 굴복하며 너를 저주하는 자는 저주를 받고 너를 축복하는 자는 복을 받기를 원하노라"(창 27:27-29)

그를 위하여

갈대 상자를 가져다가

역청과 나무 진을 칠하고...

(출 2:3)

#17

하나님 경외하기의 시작은
말씀을 가정에 최우선에 두는 것입니다.

그리고 마땅히 행할 바를
순종할 때에
잃거나 빼앗기지 않는 보배를
가슴에 담게 되리라 확신합니다.

서신 #17

한 해를 마무리하고 새해를 준비하는 중요한 시간을 지나고 있습니다. 오직 하나님이 우리에게 베푸신 은혜를 기억하며 한 해를 잘 마무리하고 새해를 맞으시는 귀한 시간이 되시길 바랍니다.

"황금 천 냥이 자식 교육만 못 하다"란 속담을 들어 보셨는지요? 자식에게 유산을 남겨주는 것보다 글을 가르치는 것이 훨씬 더 가치 있다는 옛 어른들의 교훈적인 이야기입니다. 돈은 아무리 많아도 끝까지 자신의 소유가 된다고 장담할 수 없습니다. 없다가도 있고, 있는가 싶으면 예기치 않은 사고나 병원비 또는 오만 가지 사건으로 바람처럼 사라지는 것이 돈이 아닌가 싶습니다. 얼마나 의리가 없고 변덕

이 심한지 여러분도 경험해 보셨을 것입니다. 하지만 우리가 받은 교육이나 습득한 기술은 이 땅에 살아가는 동안에 우리와 함께하며 도움을 주는 귀한 자산이 됩니다.

부모가 재산을 많이 남기고 세상을 떠나면 피를 나눈 형제자매 사이라 할지라도 전쟁하듯 재산 다툼을 하는 것이 우리에게 그다지 생소하지 않습니다. 그런 관점에서 본다면 자녀를 교육하되 가장 중요한 신앙 교육, 하나님을 경외하는 지식을 가르치고 보여주는 부모가 세상에서 가장 귀한 것을 전수하는 지혜로운 사람입니다.

"여호와를 경외하는 것이 지식의 근본이거늘"(잠 1:7)

코로나 19로 우리는 모두 각자의 어두운 터널을 지나가고 있습니다. 그러나 이런 상황 가운데에서도 자녀들에게 최고의 유산, 하나님을 경외하는 보배를 남겨줄 좋은 기회임을 잊지 마시기 바랍니다! 하나님을 경외하는 보배의 '전수 특권'은 하나님께서 부모에게 주신 '막중한 사명'입니다. 아버지가 있는 가정은 아버지의 몫이며, 혹 아버지가 안 계신다면 그 역할은 어머니가 적극적으로 감당해야 합니다.

> 너와 네 아들과 네 손자들이 평생에 네 하나님 경외하며... 네 자녀에게 부지런히 가르치며 집에 앉았을 때에든지 길을 갈 때에든지 누워 있을 때에든지 일어날 때에든지 이 말씀을 강론할 것이며... (신 6:2, 7)

"어미 손은 약손이고 아비 손은 범손이다."라는 속담이 떠오릅니다. 손은 감정을 표현할 수 있는 또 하나의 지체입니다. 따뜻한 손을 가진 사람은 마음도 따뜻하다고 하는데 늘 따뜻한 손을 가지고 있는 저로서는 이 말이 맞는 말이면 좋겠습니다.

누가 뭐라 해도 손 중에서 최고의 손은 역시 어머니의 손입니다. 어린 시절 배가 아프다고 하면 어머니는 언제나 자신의 무릎에 누우라 하시며 그 따스한 손으로 배를 살살 문질러 주셨습니다. 그렇게하면 거짓말처럼 아팠던 배가 금세 나았던 기억이 납니다. 그래서 어머니의 손은 약손이라는 속담이 있나 봅니다. 속담의 후반에 보면 아버지의 손은 "범손" 이라고 합니다. 왜 아버지 손을 "범(호랑이)손"이라고 했을까요? 아버지의 회초리는 어머니의 몽둥이보다 훨씬 아프기 때문입니다.

저의 아버님은 범사에 긍정적이시며 인자하신 분이셨습니다. 목회하시기 전에는 큰 사업을 하셨습니다. 제가 중학교 시절 때, 시골의 친척 누나 뻘 되는 사람이 우리 집에 머물며 가사 일을 도와주었습니다. 한번은 아무도 집에 없을 때, 학교에서 돌아와 그 누나와 다툼이 시작되었습니다. 다툼은 점점 심해졌고, 다툼의 자세한 내용은 기억에서 희미해졌지만, 화가 잔뜩 난 제가 그 누나를 향해 연탄재를 던져버렸던 것이 지금도 생각납니다. 그 순간, 마치 영화의 한 장면처럼, 저녁에나 들어 오셔야 할 아버지께서 갑자기 나타나셨습니다. 그런 저를 보자마자 본인의 허리띠를 풀어 저의 종아리를 세차게 때리셨습니다. 아버지께서 젊은 시절에 씨름하셨다는 말은 종종 들었는데 정말 그때 허리띠를 드신 손은 '호랑이 손'이었습니다! 아버지의 회초리는 그것이 처음이자 마지막이었지만, 지금도 그때의 아픔은 제 머릿속에 생생히 남아있습니다. 그 후 가끔 제가 어머님의 말씀을 듣지 않을 때마다 "너 이따 아버지 들어오시면 두고 보자!"라는 어머니의 말씀은 신속한 효과를 가져왔습니다. 아버지의 회초리는 저에게 평생에 잊을 수 없는 교훈이 되었던 것입니다.

자녀가 하나님을 경외하려면 두 개의 손이 필요합니다. 어머니의 약손과 아버지의 범손입니다. 오늘날의 가정은 약손은 두 개인데 범손이 부재한 듯합니다. 성경의 잠언에는 두 개의 손이 자녀를 바르게 양육한다고 말씀하고 있습니다.

> 마땅히 행할 길을 아이에게 가르치라 그리하면 늙어도 그것을 떠나지 아니하리라(잠 22:6)

> 채찍과 꾸지람이 지혜를 주거늘 임의로 행하게 버려 둔 자식은 어미를 욕되게 하느니라(잠 29:15)

눈동자처럼 사랑하는 자녀에게 황금 천 냥과 비교할 수 없는 보배를 남겨주시기 바랍니다!

> 네 시대에 평안함이 있으며 구원과 지혜와 지식이 풍성할 것이니 여호와를 경외함이 네 보배니라(사 33:6)

여기 "보배"라는 히브리어는 אוֹצָר(*'ô·ṣār*) "오사"입니다. 원문은 "보배"라는 말보다는 "보배를 저장한 보물창고"의 의미가 더 정확합니다. 하나님을 경외할 때 각종 보배를 가득

담은 방을 주신다니 얼마나 놀라운 약속입니까!

약손으로 하나님의 사랑을 가르치고 범손으로 하나님 경외함을 가르치는 가정은 보배로운 가정이 될 것이라 확신합니다. 교회적으로 견고한 가정을 세우는 축복 캠페인이 12월 21일 월요일부터 시작합니다. 12지파 중에서 야곱이 유다를 축복했던 것을 생각하며 아래의 다섯 가지로 축복하는 것입니다.

하나님을 경외함의 시작은 하나님의 말씀을 가정의 최우선 그리고 중심에 두는 것입니다. 그리고 마땅히 행할 바를 순종할 때에 잃거나 빼앗기지 않는 보배를 가슴에 담게 되리라 확신합니다.

하나님의 소원은 모든 사람이 구원을 받는 것입니다. 그래서 그리스도인 모두에게 "전도와 선교를 명령하셨습니다(마 28:19-20)." 이번 주일에 드리는 성탄헌금은 전액 라티문Lottie Moon 국제 선교헌금으로 드립니다. 기도하시면서 동참해 주시기를 바랍니다.

> 여호와여 아침에 주께서 나의 소리를 들으시리니 아침에 내가 주께 기도하고 바라리이다.(시 5:3)

마땅히 행할 길을

아이에게 가르치라

그리하면 늙어도

그것을 떠나지 아니하리라

(잠 22:6)

#18

광야에서 홀로 목동 일을
묵묵히 하고 있던 다윗.

아무도 그를 쳐다보지도 않고,
그의 수고를 알지도 못했습니다.
그런데 하나님께서는
그런 다윗을 살펴보고 계셨습니다.

서신 #18

미국이 경제 대공황The Great Depression을 지날 때였습니다. 큰 농장을 가지고 있던 한 농부는 일손이 부족하여 신문에 구인광고를 냈습니다. 고용하려는 사람은 소수인데 너무나 많은 사람이 일하기 원했습니다. 결국, 지원자들과 면접을 하게 되었습니다. 한 청년을 만난 농장주인은 이렇게 질문했습니다.

"자네에게는 어떤 장점이 있는가?"

젊은 청년은 "주인님, 저는 바람이 세차게 불어도 단잠을 잡니다."라고 답했습니다.

농장주인은 그런 대답을 처음 들어보았습니다. 단잠을 잔다는 말에 호기심이 생겨 그 청년을 고용했습니다. 몇 주가 지났습니다. 저녁이 되었는데 평소보다 날이 캄캄해지더니 거센 비와 세차게 부는 바람을 동반한 폭풍이 몰아쳤습니다. 농부는 헛간이 궁금해서 손전등을 들고 그의 큰 농장을 돌아보았습니다. 헛간 문은 굳게 잘 닫혀 있고, 건초를 보관한 창고도 깨끗했습니다. 말과 소들도 모두 창고 안에 들어와 있었습니다. 주인은 마지막으로 몇 주 전에 고용한 청년의 숙소를 찾아가 보았습니다. 청년은 쿨쿨 코를 골며 단잠을 자고 있었습니다.

농장주인은 "바람이 세차게 불어도 단잠을 잡니다."라고 했던 청년의 말을 그제야 이해할 수 있었습니다. '그래… 이 청년이 평소 내가 맡긴 일에 땀을 흘리며 최선을 다한 게 분명하구먼! 그러니 이렇게 폭풍이 와도 단잠을 잘 수 있지….'

청년은 평소 자신의 소임을 다하여 성실하게 일했기 때문에 갑작스럽고 거센 비바람과 폭풍이 불어와도 당황하지 않고 단잠을 잘 수 있었습니다.

"평소 실력이 진짜 실력이다."란 말을 들어보셨을 겁니다. 운동선수는 평소의 연습이 경기에 반영됩니다. 학생은 평소의 꾸준한 복습과 예습이 시험에 반영됩니다.

이처럼 평소에 최선을 다했던 성경 속의 대표적인 인물은 다윗입니다. 다윗은 이새의 여덟 번째 아들로 미래를 예측하지 못하는 목동에 불과했습니다. 그러나 다윗은 마음과 기술로 아버지의 양 떼를 세심하게 돌보았습니다. 광야에서 홀로 목동 일을 묵묵히 하고 있던 다윗. 아무도 그를 쳐다보지도 않고, 그의 수고를 알지도 못했습니다. 그런데 하나님께서는 그런 다윗을 살펴보고 계셨습니다. 그리고 최선을 다하는 다윗의 모습에 하나님께서 감동하신 것이 분명합니다!

> 또 그 종 다윗을 택하시되 양의 우리에서 취하시며
> 젖 양을 지키는 중에서 저희를 이끄사 그 백성인 야곱,
> 그 기업인 이스라엘을 기르게 하셨더니
> 이에 저가 그 마음의 성실함으로 기르고
> 그 손의 공교함으로 지도하였도다(시 78:70-72)

다윗은 당시 성전이 위치한 예루살렘에 있지 않았습니다. 베들레헴에 있는 양의 우리에서 더러운 양들을 지키고 있었습니다. 하지만 하나님은 그를 우리(광야)에서 취하여 이스라

엘의 왕으로 세우셨습니다!

지금 우리는 코로나 19라는 광야를 지나고 있습니다. 그러나 하나님은 이런 힘들고 어려운 상황에서도 전심으로 맡겨진 일에 최선을 다하는 사람을 지켜보십니다. 그것이 우리의 소망이며 상급이 아니겠습니까?

> 여호와여 주께서 나를 감찰하시고 아셨나이다.
> 주께서 나의 앉고 일어섬을 아시며
> 멀리서도 나의 생각을 통촉하시오며
> 나의 길과 눕는 것을 감찰하시며
> 나의 모든 행위를 익히 아시오니(시 139:1-3)

가정에서 잠언 비타민을 나누는 일에 최선을 다하십시오.

수입이 많지 않은 일터일지라도, 주께 하듯 최선을 다하기를 다짐하십시오.

지금의 사역은 나에게 하나님께서 맡기신 양 떼입니다.

양 떼를 잘 돌보면 쌍태를 낳습니다(아 4:2, 6:6).

초라한 목동을 이끌어 이스라엘 나라를 맡기신 하나님은 어제, 오늘 그리고 영원히 동일하신 분이십니다. 나를 꼭 필요한 곳으로 이끌어 더 귀한 일을 상급으로 맡기실 하나님을 기대하시기 바랍니다.

무슨 일을 하든지 마음을 다하여 주께 하듯 하고
사람에게 하듯 하지 말라
이는 유업의 상을 주께 받을 줄 앎이니
너희는 주 그리스도를 섬기느니라(골 3:23-24)

#19

순종의 시작과 과정은
쉽지 않지만

순종하는 자는
물이 포도주가 되는
하나님의 기적과 은혜를
경험하게 됩니다.

서신 #19

저의 아버님은 장로교회에서 목회하셨습니다. 목회자의 삶을 늘 옆에서 지켜보았습니다. 가장 가까이에 있었지만 지금 돌이켜 보면 아버님의 목회를 1,000분의 1도 이해하지 못했습니다. 목회가 쉽지 않다고 막연히 생각했고, 만에 하나, 목회자의 길은 절대로 가지 않겠다고 결심하고 또 결심했습니다.

"나는 절대로 목회자가 되지 않을 것이다!"

하지만, 아버님은 아들인 제가 목회자가 되기 위해 매일 기도하셨습니다. 그 모습을 뵐 때면 속으로 '절대로 그런 일은 없을 겁니다'란 분명한 자기 선언이 있었습니다. 그런 제가 일찍 결혼했습니다. 가정의 위기를 지나면서 예수님을 개인적으로 만나게 되었습니다. 그리고 절대로 목회자가 되지 않겠다고 결심하고 또 결심했던 제가 지금은 목회자의 길을 걷고 있습니다. 아이러니한 일이 아닐 수 없습니다.

겨자씨만큼도 가능성을 두지 않았던 목회자의 길을 가고 있는 저는 하나님의 부르심을 평생의 은혜로 감사하며 살고 있습니다. 가슴에는 늘 소명을 주신 하나님을 향한 감격과 감사의 불이 꺼지지 않습니다. 그런데도 심령의 불이 항상 뜨거운 것은 아닙니다. '이러다가 예수님께 호된 책망을 받았던 종교인이 되는 것은 아닌가….' 이라는 생각에 두려울 때도 있습니다. 다른 사람의 가슴에는 불을 지르려 하면서도 정작 자신의 불을 지속해서 유지하는 것은 여간 어려운 일이 아닙니다.

2020년 말, 디모데후서 2장 2절("또 네가 많은 증인 앞에서 내게 들은 바를 충성된 사람들에게 부탁하라 그들이 또 다른 사람들을 가르칠 수 있으리라")에 기초한 2-2-2 훈련, 그리고 2021년 초, 요한1서 2장 12~14절("자녀들아 내가 너희에게 쓰는 것은 너희 죄가 그의 이름으로 말미암아 사함을 받았음이요 아비들아 내가 너희에게 쓰는 것은 너희가 태초부터 계신 이를 알았음이요 청년들아 내가 너희에게 쓰는 것은 너희가 악한 자를 이기었음이라 아이들아 내가 너희에게 쓴 것은 너희가 아버지를 알았음이요 아비들아 내가 너희에게 쓴 것은 너희가 태초부터 계신 이를 알았음이요 청년들아 내가 너희에게 쓴 것은 너희가 강하고 하나님의 말씀이 너희 안에 거하시며 너희가 흉악한 자를 이기었음이라")을 중심으로 한 213 훈련을 시작했습니다. 처음 훈련에 동참한 분들은 저에게 주신 하나님의 선물입니다. 오늘도 이분들을 생각하면 고마움의 열기가 살아납니다. 한 번도 가보지 않은 길을 가려면 의도한 것과 달리 길을 잃고 방황하지만, 이분들은 훈련에 묵묵히 따라온 분들입니다. 오늘 아침에도 하나님께 감사했습니다.

그리고 지금도 늘 "순종하며 따라온 분들에게 하늘의 신령한 복을 듬뿍 허락해 주세요."라고 기도합니다.

훈련에 반응하고 순종하는 성도들을 보면서 저의 가슴에 불이 타오르기 시작했습니다. 학습과 실습을 병행하는 과정에서 재생산훈련을 하고 은혜를 나누는 훈련생들의 고백은 메마른 심령에 불을 지피는 불쏘시개 역할을 해주었습니다. 주일 훈련을 마치고 집에 돌아갈 때는 창공을 박차 오를듯이

기뻐하는 저를 보게 됩니다!

교회의 위험은 하나님께서 주신 인적, 재정적 자원을 교회를 위해서만 쓰는 것입니다! 위의 경고는 100번, 1,000번을 반복해서 모두가 들어야 합니다. 왜냐하면, 교회의 자원을 성도들을 위해서 사용하려는 마음이 작아지지 않기 때문입니다. 213 훈련은 학습과 실습을 병행하는 가운데 도심의 코너스톤 교회를 정기적으로 방문합니다. 그곳에서 홈리스, 미혼모, 출소자들을 섬기는 것은 교회의 건강(교회는 건물이 아니라 예수님을 믿고 세상에서 불러냄을 받은 사람들)에 필요한 비료 역할을 합니다.

벌써 몇 달 동안 배운 내용을 사회의 그늘진 이웃들에게 실천하는 이분들이야말로 예수님의 손과 발 역할을 하는 건강한 지체들입니다. 지난 수요일 저녁, 청소년들이 출소자 성경공부 모임에 다녀왔습니다. 편안하고 안전한 온상에 있다가 광야 체험을 한 것입니다. 그들은 대견한 소감을 전해 왔습니다.

● 소감문 1

저는 이 사역에 참여하면서 큰 기대를 하지 않았습니다. 가서 출소자들을 만나서 그들의 이야기를 듣고, 예수 그리스도를 어떻게 만났는지 듣고 오게 될 것이라고만 생각했습니다. 그러나 예상과는 전혀 달랐습니다. 방문한 곳은 달라스 도심 깊이 위치했고, 마약상들과 매춘부들이 있는 곳이기도 했습니다.

방문한 저희는 성경에 대한 말씀을 듣고, 소그룹으로 나누어졌습니다. 저는 크리스Chris와 코디Cody라고 하는 출소자들과 함께 하는 기회가 주어졌습니다. 크리스는 저의 아버지와 비슷한 나이였습니다. 그리고 그는 술과 마약에 취한 삶을 살아왔었습니다. 크리스는 귀로 들어만 봤던 모든 마약물을 복용했다고 합니다. 그러나 그가 감옥에 세 번째로 갇혔을 때 예수 그리스도로 인한 치유와 회복을 경험하였다고 합니다. 그는 말씀하고 계시는 하나님을 만나 회개했다고 합니다.

코디의 경험도 비슷했습니다. 그러나 크리스와는 달리 코디는 마약을 복용하는 것뿐만 아니라, 마약을 거래하는 마약상이었습니다. 마약을 거래하던 중 한 여자의 아버지로부터 하나님에 대해 알게 되었다고 하였습니다. 그분은 목사님이셨고, 교회 출석을 권유했다고 합니다. 설교를 듣던 중 코디는 앞으로 나가 예수 그리스도를 자신의 구세주와 주님으로 받아들이기로 했다고 했습니다.

저는 우리 사회에 존재하는 또 다른 사람들의 삶에 대해 배울 수 있었습니다. 저는 항상 안전하고, 친근한 동네에서 자랐습니다. 그러나 이 두 형제의 이야기를 들으며 세상에는 아직도 길을 잃고 방황하는 사람들이 많다는 사실을 깨닫게 되었습니다. 이분들의 이야기를 통해 세상에서 어려움을 당하는 자들을 돌아봐야 한다는 마음을 갖게 되었습니다. 기회가 된다면, 또 방문하고 싶습니다.

● 소감문 2

출소자 성경공부를 참석할 수 있는 귀한 시간을 가졌고 중요한 교훈을 배울 수 있었습니다. 출소자 아론Aaron과 이야기를 나눌 시간이 있었습니다. 이 형제들의 간증을 통해 하나님이 얼마나 위대하신 분이신지 체험할 뿐 아니라, 그들이 삶 가운데 배운 교훈들을 저와 연결할 수 있었습니다.

아론은 아주 너그러운 성품을 가지고 있었고, 대화를 나누기 쉬웠습니다. 자신의 인생에 대해, 소년기에서부터 현재까지 자세히 이야기를 해주었습니다. 저는 그가 자라온 환경이 어려서부터 불행했다는 사실을 깨닫게 되었습니다. 자신의 진짜 아버지가 누구인지 모르고 자라야 했고, 그의 어머니는 이혼을 한 이후 생계를 유지하느라 어려움을 많이 겪었습니다. 아론의 어머니는 결국 재혼을 하게 되셨고, 아론은 결국 더 나은 삶을 위해 달라스로 이사하게 되었습니다. 그러나 달라스로 이사 오고 난 이후 그가 고등학교를 진학하면서, 마약과 마약 거래의 세계에 들어가게 되었습니다. 아론은 부모님으로부터 기독교 신앙을 배웠습니다. 그러나 잘못된 친구들과 어울리면서 마약 거래를 하며 버는 돈에 익숙하게 되었고, 마약도 직접하기 시작하였습니다. 세월이 지나면서 그는 마약 중독자가 되었고, 불법적으로 거래를 하는 마약상에서 벗어나지 못했습니다. 20대에 그는 아내를 만나서 아들과 딸을 가지게 되었습니다. 결혼을 하면서 마약 거래의 삶에서는 빠져 나올 수 있었지만, 분노를 조절하지 못하고, 마약 중독을 벗어나지 못하여 결국 이혼을 하고 말았습니다. 이러한 일이 있은 후 아론은 모든 희망을 잃고, 더 깊은 중독과 마약 거래에 빠지게 되었습니다. 결국 이러한 삶을 살다가 15년 형을 받고 감옥에 가게 되었습니다. 그러나 그는 감옥에서 하나님의 기적을 체험할 수 있었습니다. 예수 그리스도께 자신의 삶을 헌신하면서 그의 형은 15년에서 5년으로 줄어들었습니다. 그리고 출소자 사역을 통해 믿음 안에서 좋은 형제들을 많이 만나게 되었습니다. 현재 아론은 대학에서 디자인 공부를 하며 자녀들에게 좋은 아버지가 되려고 노력하고 있습니다.

저는 이 이야기를 들으며 그들이 주는 교훈을 마음 속으로 받아들일 수 있었습니다. 마약 중독 경험자들인 그들은 나에게 마약은 아예 시작 자체를 하면 안된다고 강조하였습니다. 그리고 어디를 가든지 좋은 기독교 공동체를 찾는 것이 너무나 중요하다는 사실을 알려주었습니다. 저는 또한 학교에서 공부하는 것이 얼마나 감사한 것인지 깨닫게 되었고, 배울 수 있을 때 많이 배워야 한다는 점을 알게 되었습니다. 이 모든 교훈들 중에 가장 제 마음에 남았던 것은 바로 하나님께서 개입하셨다는 것입니다. 하나님께서 이들의 삶에 개입하셨을 때 아론은 분노 조절을 못하는 삶과 마약 중독의 삶에서 완전히 벗어날 수 있었습니다. 그리고 아론은 하나님의 도우심으로 가족과의 관계를 회복할 수 있었고, 마약 거래와 중독에서 완전히 벗어나서 디자이너의 길을 걷게 되었습니다. 그는 자신이 다른 사람들과 말하는 방법이 완전히 달라졌다고 이야기하였고, 누구와 어울려야 하는지 생각이 완전히 바뀌었다고 하였습니다. 그는 하나님을 향한 견고한 믿음을 가지고 있었고, 하나님을 자신의 아버지로, 친구로 묘사하였습니다. 저는 단 몇시간 만에 그곳에서 너무 많은 것을 배울 수 있었습니다. 기회가 되면 꼭 다시 가고 싶습니다.

● 소감문 3

이 사역에 참여하고 싶었던 이유는 전도사님이 그곳에 출소자들이 있다고 하였기 때문입니다. 출소자들과 제 자신을 연결할 수 있다고 생각하게 되었고, 달라스 다운타운을 방문했을 때 집에 온 느낌이었습니다. 그 이유는 간단합니다. 나 자신이 항상 가장 밑바닥에서 사는 것 같았고, 주변 사람들과 어울리지 못했기 때문입니다. 정말로 어려운 삶을 겪어본 사람들과 성경공부를 하고 싶었습니다. 그곳은 마약 중독자들이 길거리에 있었고, 낡은 도로와 건물들이 보였습니다. 외적으로는 지저분 하였지만, 오히려 이러한 상황이 저를 반겨주는 것처럼 느껴졌습니다.

함께 이야기를 나누었던 사람은 데니스Dennis였습니다. 데니스는 50살이었습니다. 그는 어려서부터 아버지로부터 가정 폭력을 당했습니다. 아버지는 그를 때로는 지하에 가두기도 하고, 다른 방에 몇 주 동안 가둔 적도 있었다고 했습니다. 그 또한 마약을 많이 하였고, 나쁜 삶을 살았었습니다. 그의 죄목은 다른 사람들의 마약 거래 자금을 빼앗는 것이었습니다. 그는 마치 만화 속에 등장하는 배우 같았습니다. 주연과 똑같이 힘은 세지만, 역할 자체는 조연인 만화 캐릭터가 생각났습니다. 그는 조연처럼 소극적이었고 말을 많이 하는 것을 좋아하지는 않았습니다. 자신의 삶에서 사랑하는 사람이 아무도 없다고 하였습니다. 저 또한 사랑하는 사람이 없어서 공감할 수 있었습니다. 그러나 그의 삶은 저보다 훨씬 더 심각해 보였습니다. 누군가 길거리에서 폭행을 당하는 것을 보게 되면 앉아서 그 광경을 보며 웃는다고 하였습니다. 그에게 폭력을 가한 아버지가 돌아가셨을때 그는 전혀 신경쓰지 않았습니다. 저는 데니스에게 아버지가 왜 그에게 이렇게 행동하셨을 것 같은지 질문을 하였습니다. 데니스는 아버지에게 자신도 이 질문을 하고 싶었지만 결국 못했다고 하였습니다. 그러나 그가 아버지에게 다른 형제들보다 왜 자신을 더 많이 폭행하는지 물어보았을 때, 그의 아버지의 대답은 "네가 나를 가장 많이 닮았기 때문이다."라고 하였습니다. 저는 이때 데니스의 아버지가 얼마나 못된 사람인지 알게 되었습니다. 데니스는 자신의 딸들을 향한 사랑은 있다고 말을 하였습니다.

데니스에게 그가 살아온 인생이 어릴적 환경 때문인지 물었습니다. 그는 그렇다고 대답하였습니다. 그에게 과거를 돌이켜보면 어떤지 물었습니다. 그냥 일어난 모든 것을 받아들이는지 물었습니다. 그는 그렇다고 하였습니다. 마치 유튜브에서 홈리스가 자신의 인생을 비관적으로 보는 것과 마찬가지였습니다. 그렇게 인생을 살아가는 것에 대해 맞지 않다고 생각했습니다. 그러나 데니스도 저와 비슷한 생각을 가지고 있다는 점이 큰 위로가 되었습니다.

저의 마지막 질문은 "그들이 왜 자신의 삶을 바꾸어야겠다고 결심하게 되었는지" 였습니다. 감옥에 있는 사람들의 나이는 가장 어린 사람은 17살이었고 가장 나이 많은 사람은 80대였다고 합니다. 그는 자신도 80세에 감옥에 있게 될 것이라는 것을 깨닫게 되었습니다. 그래서 삶에 변화를 주고 싶다고 하였습니다. 다른 이유들도 분명히 있었겠지만 그 이유가 가장 분명하다고 말했습니다. 또한 자신이 생각하는 방식이나 삶을 살아가는 방식을 바꾸고 싶다고 이야기했습니다. 그는 기독교 신앙을 처음 배우고 접하는 초신자라고 하였습니다. 그는 자신의 삶을 더 좋게 발전시키고 싶었습니다. 결론적으로 보면 그가 살고 있던 인생이 힘들었던 것입니다.

집으로 돌아오면서 기분이 매우 좋았습니다. 달라스 다운타운에 가는 체험은 저를 치유하는 듯했습니다. 제가 현재 어떤 사람이고, 어떻게 살고 있는지 잠시나마 한걸음 물러서서 생각해 볼 수 있는 기회가 되었습니다.

저는 이 경험을 통해 제가 가지고 있는 어떤 문제도 별 것이 아니라는 것을 깨달았습니다. 내가 모든 문제를 통제하고 해결할 수 있는 능력이 있다는 것을 깨닫고 걱정했던 모든 것들이 하찮아졌습니다. 너무 좋은 경험이었습니다.

순종의 시작과 과정은 쉽지 않지만 순종하는 자는 물이 포

도주가 되는 하나님의 기적과 은혜를 경험하게 됩니다. 순종하는 여러분들이 자랑스럽습니다!

"주께서 주신 권세는 너희를 무너뜨리려고 하신 것이 아니요 세우려고 하신 것이니 내가 이에 대하여 지나치게 자랑하여도 부끄럽지 아니하리라"(고후 10:8)

하나님은 우리가 구하거나 생각하는 모든 것에 넘치도록 능히 하시는 분입니다(엡 3:20). 213 훈련은 수요일 저녁에 7기가 진행중입니다. 15기까지 등록이 완료되는 은혜를 하나님께서 부어주셨습니다. 7기 이후로는 수요일 저녁과 주일에 한 번씩, 2시간 동안 진행됩니다. 사슴이 시냇물을 찾기에 갈급함처럼, 사모하는 심령으로 훈련에 동참하고 등록한 여러분들께 감사드립니다. 최선을 다하겠습니다!

#20

먼 훗날 우리 자녀들도
눈물 닦아주시던 어머니의 손,

상처를 감싸주시던 어머니의 손,
하나님을 향해 손을 모으고
기도하시던 어머니의 손이
생각난다고 할 것입니다.
모든 어머니,
여성들에게 감사드립니다!

서신 #20

일 년 중 거의 절반 가까이 왔습니다. 벌써 5월을 맞았습니다. 영어로 5월은 "May"입니다. "May"는 로마의 신 "Maia(식물을 자라게 하는 신)"라는 이름에서 파생되었다고 합니다. 5월은 풀과 나무가 자라나는 싱그러운 달이며 무한한 가능성을 담은 달이기도 합니다.

코로나 19 등 여러 가지 사정으로 시작하지 못했던 계획과 소원을 하나님께 구하며 5월을 시작해 보면 어떨까요?

사실 오늘은 해외 선교에 대해 글을 쓰려 했지만, 월요일 오후, 한 가지 기사를 읽고 주제를 바꿨습니다. 읽은 기사의 제목은 아래와 같습니다.

〈빌 게이츠와 멜린다 게이츠 부부의 이혼〉

빌 게이츠와 멜린다 게이츠 부부가 27년간의 결혼 생활을 끝으로 이혼을 결정했다는 소식이었습니다. 이 뉴스를 보고 오후 내내 마음이 우울했습니다. 뉴스를 보면서 오래전 들었던 노래의 가사가 문뜩 생각났습니다. 제목은 〈도로남〉입니다.

남이라는 글자에 점 하나를 지우고
님이 되어 만난 사람도
님이라는 글자에 점 하나를 찍으면
도로 **남**이 되는 장난 같은 인생사
가슴 아픈 사연에 울고 있는 사람도
복이 겨워 웃는 사람도
점 하나에 울고 웃는다
점 하나에 울고 웃는다
아~ 인생 **돈**이라는 글자에 받침 하나 바꾸면
돌이 되어 버리는 인생사
정을 주던 사람도 그 마음이 변해서
멍을 주고 가는 장난 같은 인생사
가슴 아픈 사연에 울고 있는 사람도

복에 겨워 웃는 사람도

정 때문에 울고 웃는다

정 때문에 울고 웃는다 아~ 인생

어떤 이유 때문인지는 모르나, "님"이 "남"으로 바뀜은 어떤 가정을 막론하고 아쉬운 일이 아닐 수 없습니다. 『아홉 명의 아내들』 *9 Wives*이란 책에 보면 아래의 내용이 나옵니다.

한 남자가 너무 예쁜 여자를 보고 프러포즈하여 결혼했습니다. 얼굴은 너무 예쁘고 정말 아름다운데 살아보니까 너무 게을렀습니다.

"아이고! 내가 눈이 뼜지 저걸 못 봤구나!"

그는 부지런한 여자를 사모하여 적당한 때에 아내하고 이혼했습니다. 그리고 아주 부지런한 여자하고 재혼했습니다. 새로운 아내의 부지런함은 좋은데 입까지 부지런했습니다. 얼마나 말을 많이 하는지 1년 365일을 혼자만 말을 하더랍니다.

"아이쿠! 내가 저걸 못 봤구나."

그는 다시 이혼하고 이번에는 말수가 적은 여자와 결혼했습니다. 그런데 말이 없는 건 좋은데 씀씀이가 너무 사치스러웠습니다. 이렇게 장점을 보고 결혼했다가 단점을 보고 이혼하는 것을 반복했습니다. 총 아홉 명과 결혼해 봤는데 끝에 가서는 그가 이런 말을 했다고 합니다.

"나는 아홉 명하고 결혼해 봤는데
결국 인생은 가위 바위 보다."

"가위 바위 보"는 어떤 것을 선택하더라도 항상 이기기만 하지는 않습니다. 또 지기만 하지도 않습니다. 가위는 주먹에 지지만 보자기에는 이깁니다. 주먹은 가위에 이기지만 보자기에는 집니다. 이기기만 하고 지기만 하는 것이 없는 것! 그것이 바로 인간관계입니다. "지금 지구상에 약 76억 5천 명(2019년)의 인구가 있는데 그중 거의 50%가 여자이다. 장점이 있으면 단점이 있고, 단점이 있으면 장점도 있다. 그러니까 장점만 보고 결혼했다가 단점만 보고 이혼하지 말고, 이제

부터는 장점을 보고 단점은 덮고 살라!"는 것이 책의 결론입니다.

큰 도시에서 목회하는 목사님이 도시와 떨어진 시골 교회에서 부흥회를 인도했습니다. 교회 건물 옆에는 묘지가 있었습니다. 목사님은 부흥회를 다 마치고 묘지를 둘러보다 다음과 같은 묘비를 보았습니다.

> "Mahalia, the wife of R. Adkins,
> she was the sunshine of our home."
> 애드킨스의 아내, 마할리아, 그녀는 가정의 태양이었다.

먼저 세상을 떠난 아내의 장례를 치른 남편은 묘비에 아내를 "태양"이라고 표현했습니다. 목사님은 그 표현이 아내를 향한 극찬이라고 생각했습니다. 여성들은 그와 같은 묘비를 어떻게 생각할까요? 물론 아내가 세상을 떠난 후 인상적인 문구를 기록한 묘비를 남기는 것도 필요합니다. 하지만, 지금 옆에 있을 때 감사를 표현하는 것이 훨씬 더 필요하고 소중하지 않겠습니까?

아내들이 가정의 태양 역할을 감당하려면 남편의 격려와

사랑 없이는 불가능합니다. 아버지가 아이들에게 줄 수 있는 최고의 선물은 아내(아이들의 어머니)를 사랑하는 것입니다. 대부분, "님"이 "남" 되는 이유는 작은 것을 방치했기 때문인 경우가 많습니다.

5월은 가능성의 달입니다! 부부간의 대화 시간을 늘리십시오. 교회와 함께 요에다이마를 계속하십시오. 무엇보다 하나님을 예배하며 감사하십시오. "남"처럼 느끼던 대상이 "님"처럼 사랑하는 성령의 역사를 경험하게 될 것입니다.

수년 전 교역자 모임에서 "어머니의 손" 하면 무엇이 생각나는지 질문했더니 다음과 같은 대답을 들었습니다.

> "양파를 까시던 어머니의 손이 생각납니다."

> "고물상에 팔기 위해 오래된 상자들을 끈으로 묶으시던 어머니의 거친 손이 생각납니다."

제 아내는 "반찬 냄새"라고 대답했습니다. 한국을 방문하면 미국에 돌아오기 며칠 전부터 어머니는 밤새도록 반찬과 참기름, 정성스럽게 깨소금을 만들어 주셨습니다. 새지 말라고 고무줄로 감고 또 감으시며 그렇게 어머니의 손에는 반찬 냄새가 배곤 하였습니다. 먼 훗날 우리 자녀들도 눈물 닦아주시던 어머니의 손, 상처를 감싸주시던 어머니의 손, 하나님을 향해 손을 모으고 기도하시던 어머니의 손이 생각난다고 할 것입니다.

모든 어머니, 여성들에게 감사드립니다!

Happy Mother's Day!

온갖 좋은 은사와 온전한 선물이 다 위로부터
빛들의 아버지께로부터 내려오나니
그는 변함도 없으시고 회전하는 그림자도 없으시니라

(약 1:17)